Lektürehilfen
Alfred Döblin
„Berlin Alexanderplatz"

von Thomas Siepmann

Ernst Klett Verlag
Stuttgart Düsseldorf Leipzig

Die Seitenangaben zum Text des Romans beziehen sich auf folgende Ausgabe:
Alfred Döblin, Berlin Alexanderplatz
dtv 8385, München 1997.

Gedruckt auf Papier, das aus chlorfrei gebleichtem Zellstoff hergestellt wurde.

Die Deutsche Bibliothek – CIP-Einheitsaufnahme

Siepmann, Thomas:
Lektürehilfen Alfred Döblin „Berlin Alexanderplatz" / von Thomas Siepmann. – 2. Aufl. – Stuttgart ; Düsseldorf ; Leipzig : Klett, 1999
   ISBN 3-12-922361-4

2. Auflage 1999
Dieses Werk folgt der reformierten Rechtschreibung und Zeichensetzung.
Alle Rechte vorbehalten.
Fotomechanische Wiedergabe nur mit Genehmigung des Verlages.
© Ernst Klett Verlag GmbH, Stuttgart 1999
Internetadresse: http://www.klett-verlag.de/klett-lerntraining
E-Mail: klett-kundenservice@klett-mail.de
Umschlagabbildung: © Ullstein Bilderdienst, Berlin
Einbandgestaltung: Bayerl & Ost, Frankfurt/M.
Satz: W. Röck, Weinsberg
Druck: Clausen & Bosse, Leck
ISBN 3-12-922361-4

Inhalt

Inhaltswiedergabe 5
Einführung 5
Überblick über Handlung und Struktur des Romans 6

Thematische Aspekte 45
Franz Biberkopf 46
Das Thema „Großstadt" 66
Deutungsangebote des Autors 84
Franz Biberkopfs Rettung 105

Formale Aspekte 111
Erzähler und Erzählperspektive 111
Erlebte Rede und innerer Monolog 116
Montage-Technik 119
Die sprachliche Form 129

Döblins Romanpoetik 138

Der Roman im Kontext der Weimarer Republik 145

Alfred Döblin – Arzt und Autor 152

Kommentierte Literaturhinweise 157

Inhaltswiedergabe

Einführung

Ende der 20er Jahre war Alfred Döblin einer der bekanntesten und anerkanntesten Schriftsteller der Weimarer Republik. Seine Romane und essayistischen Werke fanden dennoch bei einem größeren Publikum wenig Anklang und verkauften sich eher mäßig. Als er seinem Verleger Samuel Fischer, der ihm in der Hoffnung auf einen kommerziellen Erfolg schon beträchtliche Summen Vorschuss überwiesen hatte und angesichts anhaltender Erfolglosigkeit langsam unruhig wurde, eines Tages mitteilte, dass er demnächst einen Berliner Roman fertigstellen werde, der den Titel „Berlin Alexanderplatz" tragen solle, wandte Samuel Fischer besorgt ein, dies sei doch nur der Name einer Bahnstation und ein solcher Titel werde kaum einen Leser interessieren. Schließlich brachte er Döblin dazu, dem Roman den Untertitel „Die Geschichte vom Franz Biberkopf" zu geben.

|| **Entstehung des Romantitels** ||

Diese kleine Anekdote aus der Entstehungszeit des Romans ist deswegen bedeutsam, weil sie zeigt, dass Döblin mit seinem Roman nicht mehr den ausgetretenen Pfaden einer Romantradition folgen wollte, die an der Biographie eines Romanhelden orientiert ist, ein Romanmuster, von dem die Erwartungen des Publikums ebenso ausgingen wie die des auch an den Auflagenzahlen interessierten Verlegers. An diesen Erwartungen hat sich bis auf den heutigen Tag wenig geändert. Eine Schwierigkeit, mit der der Leser des „Berlin Alexanderplatz" konfrontiert ist, sind die zahlreichen Sprünge, vor allem aber die vielfältigen Exkurse in Form von Zeitungsmeldungen, Bibelzitaten, Schlagertexten, Reportagen, Sprachspielen usw., durch die die Geschichte von Franz Biberkopf unterbrochen und zerfasert wird.

|| **Abweichung von der Romantradition** ||

Hat das einmontierte Material die Funktion, die

Geschichte von Franz Biberkopf aus unterschiedlichen Perspektiven zu kommentieren und zu interpretieren, wie viele Interpreten meinen, oder ist Franz Biberkopf gleichsam das Medium, durch das die labyrinthische und bedrohliche Großstadt Berlin dargestellt wird, wie gleichfalls manchmal behauptet wird? Eng damit zusammen hängt die Frage nach der Rolle des Erzählers: montiert er das Material nach einem Zufallsprinzip ein, lässt er Berlin sich sozusagen von alleine erzählen, oder ist es vom Erzähler funktional im Hinblick auf den Helden des Romans eingesetzt? Bevor dieser und anderen Fragen zur Form und Thematik des Romans genauer nachgegangen wird, sollte zunächst einmal die Handlung des Romans im Wesentlichen im Anschluss an Franz Biberkopfs Weg zusammengefasst werden.

Überblick über Handlung und Struktur des Romans

Funktion der Vorreden

Der Roman ist in neun Bücher eingeteilt, denen jeweils eine mehr oder weniger lange moritatenartige Vorrede des Erzählers vorangestellt ist, in der sich bereits in allgemeinen Andeutungen der Inhalt des jeweiligen Buchs findet. Auf diese Art und Weise nimmt der Erzähler dem Leser die Spannung auf das Was der Handlung und richtet sie mehr auf das Wie des Erzählens. Dies entspricht im übrigen ganz der Romantheorie, die Alfred Döblin in zahlreichen Aufsätzen entworfen hat und auf die später noch genauer einzugehen sein wird.

Prinzip der steigernden Wiederholung

Der Roman baut auf dem Prinzip der steigernden Wiederholung auf. Dreimal erholt sich Franz Biberkopf von einer schweren Krise und dreimal trifft ihn ein schwerer Schlag. Die einzelnen Bücher lassen sich dementsprechend jeweils in Gruppen zusammenfassen. Die beiden ersten Bücher erzählen, wie Franz nach der Entlassung aus dem Gefängnis wieder Fuß fasst. Das dritte Buch schildert, wie ihn der erste Schlag trifft, als Lüders ihn betrügt. Nach demselben Schema sind die folgenden Bücher aufgebaut. Im vierten Buch erholt sich Franz von diesem ersten Schlag, im fünften Buch widerfährt ihm das nächste Unglück, als Reinhold ihn aus dem Auto herausstößt und er seinen Arm verliert. Noch einmal erfährt die Handlung gegenüber den ersten beiden Teilen eine Steigerung. Nur mühsam gewinnt im sechsten Buch Franz seinen Lebensmut zurück, um im siebenten Buch den schwersten Schlag zu erhalten: Reinhold ermordet seine Geliebte Mieze. Von diesem Schema weichen die beiden letzten Bücher des Romans ein wenig ab. Der Leser erfährt im achten Buch, dass Franz Biberkopf sich von diesem letzten Schlag nicht mehr erholt und sein eigenes Ende herbeisehnt. Im letzten Buch findet dann die große Wandlung Franz Biberkopfs statt. Der Erzähler lässt den alten Franz Biberkopf „sterben" und als Franz Karl Biberkopf wieder auferstehen. Dass Franz am Ende des Romans aus der Irrenanstalt entlassen wird, verweist wieder auf den Anfang des Romans, wo er aus dem Gefängnis entlassen wird.

Erstes Buch (S. 8 – S. 36)

Nach vierjähriger Haft, die er wegen Totschlags an seiner Geliebten verbüßt hat, wird Franz Biberkopf, der Held des Romans, aus dem Gefängnis entlassen. Doch statt Freude an der wiedergewonnenen Freiheit zu empfinden, fühlt er sich nun wie ausgesetzt, der behütenden Ordnung des Gefängnisses mit seinem geregelten Tagesablauf entrissen. Erst jetzt, so scheint es ihm, „(beginnt) die Strafe". Nach langem Zögern nimmt er die Straßenbahn in Richtung Stadt. Die Stadt verursacht ihm physischen Schmerz, das Tempo der Straßenbahn und die auf ihn einstürmenden Eindrücke verwirren ihn. Zeitungsausrufer, die Aufforderungen des Straßenbahnkontrolleurs registriert er ebenso wie die neuen Uniformen der Polizei, die zahlreichen Geschäfte, die Kneipen, ohne irgendeine Ordnung

Franz Biberkopfs Weg in die Stadt

Desorientiertheit

in die Vielfalt von Eindrücken zu bekommen. Anwandlungen von Schwäche begegnet er mit markigen Sprüchen. Ziellos und desorientiert läuft er durch die Straßen, die sich in den Jahren seiner Haft rasant verändert haben. Sinnbildhaft steht dafür die Baustelle am Rosenthaler Platz. In seiner Verwirrtheit vermag Franz kaum zwischen Schaufensterpuppen und Menschen zu unterscheiden. Alltägliche Verrichtungen wie Essen und Trinken erscheinen in seiner Perspektive grotesk verfremdet. Um der ihm unerträglichen großstädtischen Betriebsamkeit zu entfliehen, zieht er sich in eine Seitenstraße zurück. Die Gefängnisordnung geht ihm durch den Kopf, gleichsam ein Schutz vor dem Chaos der Großstadt, unterbrochen von der Vision

Die schwebenden Dächer

schwebender und von den Häusern herabrutschender Dächer, ein ständig wiederkehrendes Leitmotiv des Romans. Er betritt einen Hausflur und „ächzt", so wie er dies immer im Gefängnis getan hat, um seine Einsamkeit zu überwinden – „das war noch was Menschliches". Als ihn ein Jude anspricht, flieht Franz erneut auf die Straße und landet schließlich auf einem Hinterhof, wo er, um sich Mut zu machen, „kriegerisch fest und markig" ein

Kriegsgesang

Schlachtlied singt, auch dies ein wichtiges Leitmotiv, dem wir noch häufig im Roman begegnen werden.

Soweit zunächst eine kurze Zusammenfassung des ersten Kapitels. Liest man dieses Kapitel auf dem Hintergrund des traditionellen Romans des 19. Jahrhunderts, wie er durchaus auch zu Döblins Zeit noch normative Geltung hatte, so werden große Unterschiede deutlich. Wird der Leser dort in der Regel durch einen auktorialen Erzähler behutsam in die Welt des Romans eingeführt, über Ort, Zeit, Voraussetzungen der Handlung orientiert,

Erzählen aus der Perspektive Franz Biberkopfs

ihm damit zugleich ein fester Platz außerhalb des Geschehens zugewiesen, der ihm einen distanzierten Blick auf das Erzählte ermöglicht, erlebt er in „Berlin Alexanderplatz" von Beginn an das Geschehen aus der Perspektive eines Helden, dessen Fähigkeit, sich in einer ihm fremd gewordenen Umgebung zurechtzufinden, erheblich eingeschränkt ist. Der Verunsicherung und mangelnden Orientierungsfähigkeit des Helden entspricht die des Lesers, der gezwungen ist, dem Helden auf seinem Weg in und durch die Stadt zu folgen. Das Leben Franz Biberkopfs ist bis zu dem Zeitpunkt, wo der Roman beginnt, von täglich denselben Ritualen und Abläufen im Gefängnis bestimmt gewesen, die seinem Leben Ordnung und Überschaubarkeit gegeben haben. Jetzt ist er aus dieser Ordnung in die Freiheit entlassen, was er deswegen als Strafe empfindet, weil ihm das Gefängnis bisher Gewissheit und Sicherheit geboten hat, auf die er nun verzichten muss. Die Geregeltheit des Lebens im Gefängnis hat in Franz Biberkopf die Fähigkeit ausgelöscht, neuen und ungewohnten Situationen zu begegnen. Die chaotische Darstellung der Stadt erweckt zunächst den Eindruck, dass es weder die ordnende Hand eines auktorialen Erzählers gibt noch ein Bewusstsein, das zur sinnvollen, d.h angesichts der immensen Vielfalt gezielt auswählenden Wahrnehmung von Realität in der Lage ist. Stattdessen stürzen ununterscheidbar die unterschiedlichsten Eindrücke in eine wehrlos gewordene Innerlichkeit hinein. Franz Biberkopf erscheint als ein Getriebener, der von anonymen Kräften gegen seinen Willen in eine fremde Welt ausgesetzt wird, der er nicht gewachsen ist. Die Fremdheit kommt darin zum Ausdruck, dass ihm Menschen wie Dinge erscheinen, fast zu grotesken Automaten verfremdet. Auch die in Bewegung geratenen Hausdächer machen deutlich, dass Franz Biberkopf die Stadt als Bedrohung empfindet. Durch die Technik des inneren Monologs bekommt der Leser einen Einblick in die reduzierte Innenwelt Franz Biberkopfs, der sich mit markigen Sprüchen gegen das Gefühl der Wehrlosigkeit auflehnt. Das laut gesungene Kriegslied am Ende des Kapitels zeigt, dass Franz Biberkopf seine Existenz von nun an als einen Kampf gegen die Welt, in die er ausgesetzt ist, ansieht, als einen Kampf, in dem er sich der eigenen Stärke ständig versichern muss.

Der Held, der uns hier gleich zu Beginn des Romans begegnet, unterscheidet sich vom Helden des klassischen Romans, sei es dem Helden des Bildungsromans, der in die Welt zieht, um seine Per-

Franz Biberkopfs Unfähigkeit zur geordneten Wahrnehmung

Funktion des inneren Monologs

Traditionelle Romanhelden

sönlichkeit zu entwickeln, sei es aber auch dem Helden des klassischen Gesellschaftsromans, der von vorneherein als integrierter Teil der Gesellschaft erscheint. Ein gerade aus dem Gefängnis entlassener Totschläger ist ein Held neuen Typs, der außerhalb der Gesellschaft steht, der wenig geeignet ist für einen Bildungsprozess, dessen intellektuelle und kommunikative Fähigkeiten sehr eingeschränkt zu sein scheinen.

Franz Biberkopf bei den Juden

Im zweiten Kapitel findet sich Franz Biberkopf in einer fremden Wohnung wieder, in die ihn der Jude, dem er im Hinterhof begegnet ist, geführt hat. Zum ersten Mal kommt der Grund seiner Haftstrafe zur Sprache. Dabei ist interessant, dass er als das eigentliche Opfer erscheint („mir haben sie in den Dreck gefahren"); auf die Einsicht, dass er fast zum Mörder geworden ist, folgt die verharmlosende Version, dass seine Tat nur ein „Totschlag" gewesen sei, „nicht so schlimm". Im weiteren Verlauf des Kapitels begegnen wir nun einem Charakteristikum von Döblins Erzählen, das den ganzen Roman durchzieht: scheinbar kontextlos werden in den Erzählfluss alle möglichen Zitate, in diesem Fall Bibelzitate aus dem Buch Esther und dem Propheten Jeremias sowie eine Vorschrift aus dem Talmud, einmontiert, die gleichsam als Kommentar, als möglicher Interpretationshinweis verstanden werden können, manchmal aber auch nur ein assoziatives Spiel sind.

Geschichte von Stefan Zannowich

Der Jude erzählt Franz die Geschichte des Stefan Zannowich, dessen Vater sich durch betrügerische Glücksspiele ein Vermögen erworben hat. Der Sohn studiert, macht Karriere als Hochstapler, zunächst in der Rolle eines polnischen Barons, schließlich als albanischer Prinz, und genießt die Protektion europäischer Fürsten und Könige. Wie Franz dann durch einen hinzukommenden Juden erfährt, nimmt die Geschichte jedoch ein schreckliches Ende. Die Hochstapeleien werden aufgedeckt, der Betrüger, zu einer langen Gefängnisstrafe verurteilt, bringt sich um. Die Geschichte enthält zwei Lehren, von denen Franz aber nur eine zu begreifen scheint. Die erste lautet: man darf keine Angst vor der Welt haben, man muss „zu ihr hingehen", man muss sie erobern, so wie Zannowich. Die andere lautet: die Eroberung der Welt kann in der Katastrophe enden. Interessant ist auch, wie Franz auf den Tod des jungen Zannowich reagiert: aus dem Hochstapler wird in Franz Biberkopfs Perspektive ein Opfer, so wie er selber ein Opfer ist. Doch anders als Zannowich ist Franz zum Kampf entschlossen. „Was bereuen! Luft muss man sich machen! Drauflosschlagen!", geht es ihm durch den Kopf. Und am Ende des Kapitels heißt es: „Mal n Kognak. Wer ankommt, kriegt eins in die Fresse." Demonstrative Stärkebekundungen statt Einsicht in seine Schuld, zu der ihn jene Stimme auffordert, die vom Beginn des Romans an immer wieder zu hören ist: „Bereuen sollst du; erkennen, was geschehen ist; erkennen, was nottut."

Franz Biberkopfs Reaktion auf die Geschichte

Aufforderung zur Reue

Die nächste Station von Franz Biberkopf auf dem Weg zurück in ein Leben in Freiheit ist ein Kino. Hier fühlt er sich zum ersten Mal nach seiner Entlassung aus dem Gefängnis in der Menge aufgehoben. „Und ich stehe mitten mang." Der melodramatische Film bringt ihn auf den Gedanken, sich endgültig von seinem Gefängnistrauma zu befreien und seines männlichen Selbstwertgefühls zu vergewissern, indem er zu einer Prostituierten geht. Zwei Versuche gehen jedoch schief; die Schilderungen von Franz' vergeblichen sexuellen Bemühungen werden unterbrochen durch übergangslos eingeschaltete Exkurse über sexuelle Potenz bzw. Impotenz. Welche Funktion haben diese zahllosen Unterbrechungen des Erzählflusses im Roman? Man wird zunächst feststellen müssen, dass es nicht das Interesse des Erzählers ist, zügig und zielstrebig den Erzählfaden fortzuspinnen. Stattdessen bietet die Handlung dem Erzähler immer wieder die Möglichkeit zu Exkursen in alle möglichen Diskursbereiche, die im Leser in einer Art Collage ein Bild der Großstadt entstehen lassen. Zugleich sind die Exkurse häufig ein Kommentar zum Dargestellten, wobei deutlich wird, dass die unterschiedlichsten Perspektiven auf das Geschehen möglich sind. Der wissenschaftliche Diskurs ebenso wie der biblische, der juristische ebenso wie der tragische. Auf diese Weise wird die Geschichte

Kinobesuch

Besuch bei den Prostituierten

Funktion der Exkurse

ART COLLAGE
= BILD DER GROSSSTADT

11

von Franz Biberkopf in die unterschiedlichsten Perspektiven aufgelöst. Es gibt nicht mehr den einen privilegierten Diskurs, mit dem das Leben einer literarischen Figur erzählt wird. Die vielen Zitate, Parallelerzählungen, Leitmotive strukturieren zugleich den Text: wenn sich etwa in diesem Kapitel erneut Franz den Wortlaut der Gefängnisordnung in Erinnerung ruft, dann wird dem Leser signalisiert, dass Franz Biberkopf immer noch nicht frei ist. Und wenn es heißt: „Hätten mir gleich auf den Müllhaufen schmeißen können.", dann spielt das auf das Ende des Stefan Zannowich an, mit dem sich Franz durchaus identifiziert, freilich nicht als Täter, sondern als Opfer.

Diese fixe Idee, im Grunde nur Opfer zu sein, führt schließlich dazu, dass er seiner Geliebten Ida, die er in einem Eifersuchtsanfall ermordet hat, die Schuld an seiner Misere gibt. Von Reue und Schuldeingeständnis, die er zumindest ansatzweise im Gespräch mit den beiden Juden zu erkennen gegeben hat, ist er weit entfernt. Ohne sich zu besinnen, eilt er zu Minna, Idas Schwester, und fällt über sie her. Minna wehrt sich zunächst, doch dann lässt sie alles mit sich geschehen. Sie erkennt, dass sie in diesem Augenblick für Franz Ida ist und dass er in die Zeit vor der verhängnisvollen Tat zurückgekehrt ist. „Das ist der alte gute Franz Biberkopf." Sein Selbstbewusstsein als Mann ist wiederhergestellt, erst jetzt fühlt er sich frei und dem Leben gewachsen. Die Vergewaltigung Minnas ist für Franz eine gewonnene Schlacht. Das Leben erscheint als Krieg, wie die Anfangszeile aus dem Gedicht von E. M. Arndt beweist: „Was blasen die Trompeten, Husaren heraus, halleluja!" Auch diese Vergewaltigungsszene wird nicht geradlinig erzählt, sondern von surrealistisch anmutenden Bildern, Nachrichten und wissenschaftlichen Exkursen unterbrochen, die das Geschehen in über die individuelle Geschichte von Franz Biberkopf hinausweisende Zusammenhänge stellt. Franz Biberkopf erinnert in seiner völlig unkontrollierten Triebhaftigkeit an ein Erdbeben, das alle zivilisatorischen Errungenschaften zerstört. Ein assoziativer Zusammenhang mit einer Ehebruchsgeschichte

---

Vergewaltigung Minnas

Wiedergewonnenes Selbstbewusstsein

in London wird hergestellt. Und schließlich wird Franz Biberkopfs Gefühl der Befreiung in physikalischer Terminologie übersetzt.

Als Franz am nächsten Morgen erneut bei Minna auftaucht, ist beiläufig von einem Kinderball die Rede, der die Treppenstufen hinabrollt – durchaus kein blindes Motiv, wie sich am Ende des ersten Buches zeigen wird. Neu eingekleidet, wohlgenährt und voller Selbstbewusstsein begibt sich Franz zu den Juden, die ihm am Tage seiner Entlassung geholfen haben. Dort wird ihm erneut eine Parabel erzählt, von einem Ball, dessen Flugbahn sich als unberechenbar erweist. Der Jude liefert den Sinn der Geschichte gleich mit: Sie ist eine Warnung vor dem Hochmut, der davon ausgeht, dass der Mensch sein Leben vollständig unter Kontrolle hat. Die Reaktion von Franz Biberkopf ist bezeichnend und macht seine Blindheit deutlich: „Mein Ball fliegt gut, Sie! Mir kann keener! Adjes, und wenn ich heirate, seid ihr dabei."

Zweiter Besuch bei den Juden

Franz Biberkopfs Blindheit

Diese Worte am Ende des ersten Buchs enthalten fast schon ein Stück tragischer Ironie, wenn man bedenkt, dass Franz sich in seiner Renommiersucht im weiteren Verlauf des Romans immer wieder verrechnen und am Ende seine Braut verlieren wird.

Das erste Buch des Romans, das hier relativ ausführlich wiedergegeben und analysiert worden ist, konfrontiert den Leser mit einer Reihe von erzähltechnischen Verfahren, die ihm im weiteren Verlauf noch häufig begegnen werden. Sie seien an dieser Stelle noch einmal kurz zusammengefasst. Auffällig ist zunächst das Erzählen aus der Perspektive von Franz, die Techniken der erlebten Rede und des inneren Monologs versetzen den Leser in die Erlebniswelt des Helden. Dies hindert den Erzähler aber nicht daran, sich immer wieder in die Erzählung einzuschalten und damit zugleich auch eine Distanz zum Helden des Romans herzustellen. Unterbrochen wird die Erzählung durch unvermittelt einmontierte Bibelzitate, Liederverse, Leitmotive, Exkurse aller Art, die den Leser irritieren, ihn vor die schwierige Aufgabe stellen, sie in einen sinnhaften Zusammenhang mit der Erzählung zu stellen, was ihm gewiss nicht immer gelingen wird.

Erzähltechniken im ersten Buch

Spannung von Chaos und Ordnung

Nicht jede Abschweifung, nicht jede außer Kontrolle geratene Assoziation, nicht jedes Wortspiel, nicht jedes Zitat lassen sich gleichsam auf ein Sinnzentrum beziehen. Auf der anderen Seite bilden zahlreiche Leitmotive, Zitate, Motive, Parabeln, Parallelgeschichten dennoch ein Netz von Bezügen, in das die Romanhandlung eingespannt ist. Das ästhetische Vergnügen bei der Lektüre des Romans wird entscheidend davon abhängen, ob man bereit ist, sich diesem Spiel der Assoziationen auszuliefern, ohne immer gleich nach Sinnbezügen zu suchen. Nur so wird man den Humor, die Komik, die sprachliche Virtuosität, den respektlos parodistischen Umgang mit Bildungstraditionen, die Berliner Milieuschilderungen, die Berliner „Schnauze" genießen können. Döblin bemerkte einmal in einem seiner erzähltheoretischen Essays, dass man ein gelungenes episches Werk in viele Teile zerschneiden können und jeder Teil für sich lebensfähig sein muss. „Berlin Alexanderplatz" ist dafür ein gelungenes Beispiel. Jedes Buch in diesem Roman ist die Einlösung dieser Forderung. Es wird aber auch darauf ankommen, durch eine spielerische Kombinatorik das disparate Material zueinander und zur Handlung des Romans in einen systematischen und interpretatorischen Bezug zu setzen. Diese Spannung von Chaos und hinter dem Chaos aufscheinender Ordnung macht auch den Reiz des Romans aus und erfordert vom Leser zugleich die Bereitschaft, das Chaos nicht nur zu ertragen, sondern auch zu genießen und sich auf die Suche nach Zusammenhängen und Bezügen zu begeben.

Zweites Buch (S. 37 – S. 91)

Das zweite Buch hat nicht die Funktion, die Handlung des Romans voranzutreiben, sondern stellt die Stadt Berlin als den Raum dar, in dem Franz Biberkopf von nun an sich als anständiger Mensch erweisen will und in dem er im Laufe dieses Buches seinen Platz sucht. Doch bevor der Erzähler den

Leser durch die Stadt führt, rückt er zunächst an den Anfang scheinbar völlig unmotiviert einen Hinweis auf den Paradiesmythos, die Idylle vor der Vertreibung aus dem Paradies, und daran gleich anschließend zitiert er frei aus Engelbert Humperdincks Oper „Hänsel und Gretel" Gretels Gesang aus dem ersten Bild. In den beiden Zitaten spiegeln sich das naive Glücksgefühl und die Selbstzufriedenheit Franz Biberkopfs zu diesem Zeitpunkt wider, zugleich aber weiß der Leser aus den moritathaften Vorreden des Erzählers, dass die Vertreibung aus dem Pardies nicht lange auf sich warten lässt. Der Leser kann also weit über den beschränkten Horizont des Helden hinausblicken. Wenn der Erzähler die beiden Zitate leitmotivisch verkürzt im Laufe dieses Buches immer wieder aufnimmt, so ruft er damit die Bedrohtheit und Brüchigkeit von Franz Biberkopfs Glück in Erinnerung.

Paradiesmythos und Märchenmotiv

Das erste Kapitel des Buches enthält eine Darstellung Berlins in Form einer Montage, in der die Stadt in ihren funktionalen Zusammenhängen gezeigt wird. Die die vielfältigen Lebensbereiche der Stadt ordnenden Verwaltungen erscheinen mit den Titeln und Signeten, wie sie sich im offiziellen Amtsblatt der Stadt Berlin finden, dem auch die anschließenden amtlichen Bekanntmachungen entnommen sind. Der Linienplan der Straßenbahnlinie 68 sowie die Beförderungsbedingungen der Berliner Verkehrsunternehmen, anschließend der Überblick über den Organisationsplan der AEG verweisen auf zwei Großunternehmen im Bereich der Dienstleistungen und der Produktion, ohne die die Metropole Berlin nicht funktionieren könnte. Dazu gehört auch der Hinweis auf die Restaurantkette Aschinger, bei der Tausende von Berlinern während der Mittagspause einkehrten. Dazwischen finden sich Fragmente des öffentlichen Großstadtdiskurses: Zeitungsinserate, Gespräche auf dem Bahnhof, Wetterbericht. Schließlich stellt der Erzähler dem Leser nach dem Zufallsprinzip vier gerade in die Straßenbahn einsteigende Personen vor und informiert ihn über die jeweiligen Absichten dieser Personen, im Falle eines 14-jährigen Jungen sogar über den ganzen zukünftigen Le-

Berlin in seinen funktionalen Zusammenhängen

Ein großstädtischer Lebenslauf

15

bensweg bis zu seinem Tod 41 Jahre später. Selbst die Todesanzeige samt Danksagung wird dem Leser nicht vorenthalten. Die scheinbare Individualität dieser Fälle verschwindet in einem durchschnittlichen Lebenslauf und in einer formelhaften Todesanzeige.

Kneipengespräche

Zwei Personen stehen im Mittelpunkt des anschließend dargestellten Kneipengesprächs, die gleichfalls nicht als Individuen interessieren, sondern als Exempel für bestimmte Welthaltungen, die wiederum zu Franz Biberkopf in Beziehung gesetzt werden können. Da ist zum einen ein zunächst selbstbewusst scheinender junger Mann, der seinen Job verloren hat und bei der Aussicht, seiner Frau, angesichts von Schulden und einem zweiten Kind, das unterwegs ist, von der Arbeitslosigkeit berichten zu müssen, in Weinerlichkeit und Selbstmitleid verfällt. Seine Klage, „dann versauen sie einem alles", erinnert an Franz Biberkopfs Selbstmitleid zu Beginn des Romans. Doch auch der morphiumsüchtige Oberlehrer, eine durch und durch gescheiterte Existenz, lässt Parallelen zu Franz Biberkopf erkennen, wenn er, sein Lebensfazit ziehend, zu dem Ergebnis kommt: „Ich habe nicht bereut, Schuld empfinde ich nicht."

„Verführung einer Minderjährigen"

Am Ende des Kapitels wird noch von einem jungen Mädchen berichtet, das sich am Abend nach der Klavierstunde mit einem älteren Herrn zu einem intimen Rendezvous trifft: auch dies ist durchaus kein blindes Motiv im Roman, sondern verweist auf den Lebensweg von Mieze, Franz Biberkopfs letzte Freundin, die als junges Mädchen ebenso auf Hotelzimmer mitgenommen wird und schließlich als Prostituierte endet.

Versammlung ambulanter Gewerbetreibender

Die folgenden Kapitel zeigen, wie Franz seinen Platz in der Stadt findet, zugleich aber auch, wie beschränkt und naiv er der Welt begegnet, obwohl er ständig betont, man müsse seinen Kopf gebrauchen. Zunächst schaut er sich auf einer Versammlung ambulanter Gewerbetreibender um, zeigt sich beeindruckt von den Redekünsten eines Verbandsfunktionärs und wird sofort Mitglied des Verbandes. Seinem Freund Meck verrät er seine Lebensphilosophie, mit der er sein Leben in Freiheit be-

Franz Biberkopfs „Lebensphilosophie"

wältigen will: „Anständig bleiben und for sich bleiben." Er legt sich eine neue Freundin zu und verdient zunächst sein Geld als Schlipshalterverkäufer, der seine Waren auf der Straße ausruft und dabei vor antisemitischen Sprüchen nicht zurückschreckt. Dann beschließt er, mit Zeitungen zu handeln. Bei seinen Erkundigungen, ob das ein einträgliches Geschäft ist, stößt er auf einen Verkäufer, der Aufklärungsmagazine verkauft und ihm einige Homosexuellenmagazine mitgibt. Am Abend besucht er eine Homosexuellenversammlung, wenngleich er sich schon vorher sagt: „Eigentlich gehn sie mir nichts an ... er will Frieden, sie sollen ihm gestohlen bleiben."

Wechselnde Tätigkeiten

Thema Homosexualität

Gleichsam als Illustration der Diskriminierung der Homosexuellen erscheint die Geschichte eines Familienvaters, der denunziert wird, weil er einen Strichjungen mit auf ein Hotelzimmer nimmt. Auch der Auszug aus einem in der Wochenschrift „Frauenliebe" erschienenen Lesbenroman, der vom Erzähler durch ironische Zwischenkommentare und alberne Assoziationsketten in seiner Trivialität entlarvt wird, schließt an das Thema Homosexualität an.

Das Spiel mit literarischen Formen setzt sich am Ende dieses Kapitels fort, wenn der Angriff Linas auf den Zeitungshändler, der die Aufklärungsmagazine anbietet, geschildert wird. Linas Auseinandersetzung mit dem Zeitungshändler wird begleitet von (freien) Zitaten aus Heinrich von Kleists „Prinz von Homburg", die witzig-vulgär geschilderte Auseinandersetzung zwischen zwei Romanfiguren aus den untersten sozialen Schichten wird ironisch in Beziehung gesetzt zum hohen Stil eines patriotischen preußischen Staatsschauspiels. Döblin wird es bei solchen parodistischen Einlagen über die Lust am virtuosen Spiel mit literarischen Formen und Stilen hinaus sicher auch darum gegangen sein, respektlos das idealistische Pathos des Klassikers Kleist und damit zugleich ein Stück bildungsbürgerlicher Tradition in eine komische Perspektive zu rücken, aber auch die Fragwürdigkeit dieses Pathos aufzuzeigen.

Kleist-Parodie

Der erste Teil des folgenden Kapitels spielt in der

Vergnügungspark Hasenheide

Hasenheide, einem Vergnügungspark für das Berliner Kleinbürgertum und Proletariat, und enthält zunächst vor allem Milieustudien, die teilweise an Bilder aus den 20er Jahren erinnern, etwa von George Grosz oder Otto Dix. Das Ende dieses Teils aber leitet zum zweiten Teil des Kapitels über, wenn Franz Biberkopf und ein Kriegsinvalide zu politisieren beginnen. Hier wird der zu Beginn dieses Buches zitierte Paradiesmythos erneut aufgegriffen, nun aber ist von der drohenden Vertreibung aus dem Paradies die Rede.

Handel mit rechtsradikalen Zeitungen

Fast folgerichtig wird in der zweiten Hälfte des Kapitels das Thema Politik weitergeführt und vertieft. Franz Biberkopf, eigentlich ein völlig unpolitischer Mensch, handelt nun mit rechtsradikalen Zeitungen, aus denen gleich einige Artikel zitiert werden. In seiner Stammkneipe von seinem alten Freund, dem Kommunisten Georg Dreske, deswegen zur Rede gestellt, offenbart Franz Biberkopf sein politisches Glaubensbekenntnis, das durchaus als repräsentativ für diese Zeit gelten kann: Enttäuschung über die gescheiterte Revolution von 1918/19, Hass auf die Republik, die Inflation und Hunger gebracht habe, der Ruf nach Disziplin und einem, der kommandiert, die Hoffnung auf Ruhe und Ordnung.

Franz Biberkopfs Plädoyer für Ruhe und Ordnung

Wie ein Kontrapunkt zu Franz Biberkopfs naiven Visionen wirkt der Ausruf, der sich im Laufe des Buches noch einige Male wiederholen wird: „Blut muss fließen, Blut muss fließen, Blut muss fließen knüppelhageldick."

Auseinandersetzung mit den Kommunisten

Im folgenden Kapitel setzt sich der Streit mit Dreske fort, der mit einigen kommunistischen Freunden in die Kneipe kommt. Man provoziert Franz Biberkopf nach Kräften. Er singt unter anderem jenes Kriegslied, das er bereits nach seiner Entlassung aus dem Gefängnis gesungen hat, und rechtfertigt seine Sympathien für die Faschisten mit seinem Bedürfnis nach Ruhe und Ordnung. Die Visionen von den einstürzenden Häusern kehren wieder. Erst langsam kommt Franz wieder zur Ruhe. Wenn im Zusammenhang dieses Streits erneut der Paradiesmythos zitiert wird, wird deutlich, dass die Welt des Politischen das Paradies, nach dem sich Franz Biberkopf sehnt, gefährdet. Die Sehnsucht

nach Ruhe und Ordnung, die man zugleich im Zusammenhang mit der Sehnsucht nach der bergenden Ordnung des Gefängnisses zu Beginn des Romans sehen muss, und sein Harmoniebedürfnis zeigen ihn als einen Menschen, der Konflikte scheut und bereit ist, sich Autoritäten zu unterwerfen.
Das letzte Kapitel dieses Buches ist gleichsam eine Art Resümee, bevor dann im nächsten Buch der erste herbe Rückschlag von Franz Biberkopf dargestellt wird. In einer Rückblende wird erzählt, wie Franz in einem Tobsuchtsanfall seine Geliebte Ida so schwer verprügelt, dass sie an den Folgen stirbt. Der Erzähler stellt zunächst die Frage, ob Franz Biberkopf nun das Gewissen plagt. In diesem Zusammenhang kommt er auf die Orestes-Geschichte zu sprechen, die er in einem schnoddrig-ironischen Ton erzählt, und bemerkt anschließend, dass beim bärenstarken und mit sich und der Welt zufriedenen Franz im Gegensatz zu Orestes, den die Erynnien jagen, von Gewissensqualen nicht die Rede sein kann. Die Prügelei wird dann in einem sachlichen, an einigen Stellen komisch gebrochenen Protokollstil geschildert. Der ganze Vorfall wird dann noch einmal, dieses Mal mit Hilfe des Newtonschen Gesetzes, rekonstruiert. Erneut wird der Orestes-Mythos zitiert. Die Ankunft Agamemnons in Mykene gibt dem Erzähler Anlass zu seiner Lieblingsbeschäftigung – die bezeichnenderweise mit einem „nebenbei bemerkt" eingeleitet wird, eine Floskel, die beinahe auf jeder Seite des Romans stehen könnte –, weit abzuschweifen und im weit Entlegenen zu wühlen. Er verweist auf die erhabene Art der Nachrichtenübermittlung in der Antike, die über die pragmatische Funktion der Kommunikation hinaus gleichsam noch einen ästhetischen Mehrwert besitzt. Viel prosaischer sei demgegenüber doch die von Heinrich Hertz erfundene drahtlose Nachrichtenübermittlung. „Begeistern daran kann man sich schwer; aber es funktioniert und damit fertig." Dann kehrt der Erzähler zu Klytemnestras Gattenmord zurück, von dem er in einer wilden Stilmischung von erhabenem Bericht, der sich um klassische Rhetorik bemüht – man beachte die Klimax „alles jauchzt ... tausend Menschen ...

Rückblende – Franz Biberkopfs Verbrechen

Vergleich mit Orestes

zehntausend ... hunderttausend" –, und Ganovensprache – „Sie zeigt, im Augenblick, dass sie ein beispielloses Luder ist", oder: „Die antike Bestie murkst ihn ab" – berichtet. Schließlich wird Idas Krankheitsverlauf in medizinischer Sprache geschildert. Der klinische Stil wird jedoch gleich wieder durchbrochen durch den drastischen Hinweis, dass sich Idas Leiche nach fünf Jahren „in Jauche" aufgelöst hat. Auch hier taucht leitmotivisch der Paradiesmythos wieder auf, wenn es heißt, dass sie „einmal in Treptow im Paradiesgarten mit Franz getanzt hat".

Franz Biberkopf verdrängt seine Schuld

Währenddessen hat Franz seine Strafe in Tegel „abgemacht", vergnügt sich am Alexanderplatz und hat das Gefängnis schon fast wieder vergessen. Während zu Beginn das Gefängnis in Gestalt der Gefängnisordnung im Bewusstsein von Franz präsent ist, werden nun am Ende dieses Buchs Häftlingsbriefe zitiert, die mit Franz unmittelbar nichts mehr zu tun haben. Auch der scheinbar so völlig zufällige und zusammenhanglose Hinweis auf Idas Schwester Minna am Schluss verdeutlicht noch einmal den Abstand des Jetzt von der Vergangenheit.

Darstellung von Idas Tod aus drei Perspektiven

Bei der Betrachtung des ersten Teils dieses Kapitels fällt auf, dass die drei Perspektiven, aus denen der Totschlag Idas dargestellt wird, nicht völlig unverbunden nebeneinanderstehen, sondern deren Zusammenhang vom Erzähler selbst thematisiert wird. Die antike Betrachtungsweise sei unangemessen, zeitgemäß werde der Vorgang mit Hilfe des Newtonschen Gesetzes dargestellt. Zwei in der klassischen Kunstauffassung streng voneinander geschiedene Darstellungs- und Erkenntnisformen

Zusammenhang der Perspektiven

– die Tragödie einerseits, das nüchterne Protokoll sowie die physikalische Formel andererseits – werden hier gegenübergestellt. Eine solche ironisierende Gegenüberstellung zeigt, dass sich der Erzähler nicht mehr mit der konventionellen Trennung der Erkenntnisweisen zufrieden gibt, sondern die beiden Arten, die Wirklichkeit zu erfassen, in ihrem Verhältnis zueinander reflektiert. Damit bricht er natürlich die Einheit und Geschlossenheit des klassischen Kunstwerks auf. Der griechische Mythos stellt die quälende Erinnerung an den Mord in den Mittelpunkt. Für die naturwissenschaftliche Anschauung ist die Gleichung das Wesentliche, alles „geht auf", es bleibt kein beunruhigender Rest. Das Geschehen erscheint in dieser Perspektive entpersönlicht. Nicht Franz tötet Ida, sondern die Kraft, mit der der Sahnenschläger auf Idas Körper trifft, setzt bestimmte Körperfunktionen außer Funktion. Die Gleichung setzt sich in den ethischen Bereich fort: Franz „hat ... seine vier Jahre abgemacht". Sie regelt alles rational, doch es zeigt sich, dass diese Art der Aufrechnung, die nur die Gegenwart kennt und die Vergangenheit vernichtet, Franz beinahe zum Verhängnis wird. Erst am Schluss des Romans, als Franz Biberkopf ähnlich wie Orestes in der Tragödie von den bösen Geistern gehetzt wird, kommt es zur Erlösung und zur Erkenntnis.

Dazwischen liegen jene drei Schläge, von denen in den folgenden Büchern erzählt wird.

Drittes Buch (S. 91 – S. 105)

Die Handlung dieses Buchs ist schnell erzählt. Franz betreibt zusammen mit Otto Lüders, einem Onkel seiner Freundin Lina, einen Handel mit Schnürsenkeln. Sie gehen von Haus zu Haus und treffen sich anschließend in einer Kneipe. Eines Tages gibt Franz mit seinen Erfolgen bei einer Witwe an, die ihm obendrein zwanzig Mark gibt. Darauf begibt sich Lüders am nächsten Tag gleichfalls zu dieser Frau, deren Adresse Franz in seiner Angeberei ausgeplaudert hat, und verlangt unter einem Vorwand bei ihr Einlass, um sie zu berauben. Als Franz ahnungslos und gut gelaunt wieder bei ihr auftaucht, lässt sie ihn nicht in die Wohnung hinein. Am nächsten Tag schickt sie ihm einen Brief in seine Stammkneipe, aus dem er erfährt, was vorgefallen ist. Nur mit Mühe kann er die Fassung bewahren, und plötzlich kommen die Gefängnisvisionen wieder zurück, die er schon überwunden ge-

Otto Lüders betrügt Franz Biberkopf

glaubt hat. Als Lina ihn am Abend in seiner Wohnung besucht, ist er ausgezogen. Franzens Freund Meck, der ahnt, dass Lüders etwas mit der Geschichte zu tun hat, stellt diesen zur Rede, verprügelt ihn und droht ihm Schlimmstes an, wenn er Franz nicht findet. Lüders macht tatsächlich das neue Zimmer von Franz ausfindig, doch als Meck ihn am Abend dort aufsuchen will, ist er spurlos verschwunden. Trotz intensiver Suche können Lina und Meck Franz nicht finden.

Franz Biberkopf verschwindet

Dieses Buch ist geradliniger erzählt als alle anderen im Roman, doch ganz verzichtet der Erzähler auch hier nicht auf Abschweifungen und leitmotivische Einsprengsel. Nachdem Lüders bei der Witwe gewesen ist, findet sich erneut eine Anspielung auf den Paradiesmythos, jetzt aber wird auch die Schlange, der Anfang allen Übels, erwähnt. Und unmittelbar darauf erlebt Franz seine erste große Enttäuschung.

Ein Ehepaar verliert ein Kind

Merkwürdig erscheint im Zusammenhang des Kapitels die Geschichte von dem Ehepaar, das sein jüngstes Kind nicht zuletzt wegen der nachlässigen medizinischen Versorgung verliert. Der Mann, ein Kriegsinvalide, dessen rechter Arm gelähmt ist, macht dem Hausarzt schwere Vorwürfe und sieht sich als Opfer: „Uns lässt man warten, wir sind Kulis, unsere Kinder können verrecken, wie wir verreckt sind." Trotz seiner Trauer und Wut bringt er aber auch ein gewisses Verständnis für den Arzt auf. Am Ende trinken Mann und Frau gemeinsam einen Kaffee. Dem aufmerksamen Leser wird nicht entgehen, dass zwischen Franz und dieser Geschichte durchaus ein Zusammenhang besteht. Ein äußerer Zusammenhang besteht schon darin, dass der rechte Arm des Mannes gelähmt ist, Franz wird seinen rechten Arm im weiteren Verlauf der Handlung verlieren. Beide sehen sich in ihrem Unglück als Opfer. Doch es besteht ein entscheidender Unterschied: während der Mann den Zuspruch und Trost der anderen annimmt, zieht sich Franz im Augenblick der Enttäuschung zurück und begibt sich in die Isolation, getreu seinem Motto: „Verflucht, lass dich nicht mit die Menschen ein, geh deiner eigenen Wege. Hände weg von die Men-

Bezug zu Franz Biberkopf

Rückzug in die Isolation

schen." Einerseits zeigt sich Franz blind vertrauensselig in seinem Bedürfnis zu renommieren, und andererseits entzieht er sich der Hilfe durch andere Menschen, denen er vertrauen könnte. „Es geht sich besser zu zweien", hat es in jenem Gedicht geheißen, das Lina ihm auf dem Weg zu Walterchens Ballhaus in der Straßenbahn gezeigt hat. Zunächst wird Franz Biberkopf alleine weitergehen.

Viertes Buch (S. 105 – S. 144)

Dieses Buch erzählt, wie Franz Biberkopf nach dem Schlag durch Lüders' Betrug zunehmend verkommt, am Ende sich aber wieder fängt und in alter Stärke seinen Weg fortsetzt.

Im Mittelpunkt jedoch stehen zwei Kapitel über den Berliner Schlachthof und dazwischen eingelegt ein Kapitel, das eine Variation der biblischen Hiob-Geschichte darstellt. Auch dieses Buch ist voller Exkurse, anekdotischer Einlagen, wie wir sie aus den vorangegangenen Büchern bereits kennen. Gleich das erste Kapitel bietet eine Art Längsriss des Hauses, in das sich Franz Biberkopf einquartiert hat. Läden im Erdgeschoss werden genannt, Plakate und Reklametafeln werden zitiert, die Einwohnerschaft des Hauses mit ihren Lebensläufen, Familiensituationen, ihrem Unglück und ihren kleinbürgerlichen Vergnügungen wird vorgestellt. Dazu im Kontrast steht Franz, der sich nicht aus seinem Zimmer herausbegibt, auf dem Bett liegt, sich bis zur Besinnungslosigkeit besäuft und im Alkoholrausch deliriert. Schließlich rafft er sich doch auf und begibt sich zu den beiden Juden, die ihm schon im ersten Buch des Romans behilflich gewesen sind. Auf dem Weg vergewissert er sich, dass die Dächer nicht von den Häusern rutschen. Im Marschschritt, das Lied von der „Wacht am Rhein" im Kopf, bewegt er sich durch die Straßen. Die Menschen irritieren ihn nicht wie unmittelbar nach der Entlassung aus dem Gefängnis. „Franz war fröhlich, die Gesichter sahen alle netter aus."

Längsriss einer Mietskaserne

Franz Biberkopf im Alkoholrausch

Dritter Besuch bei den Juden

Die Juden empfehlen ihm dringend, sich Arbeit zu suchen und mit dem Trinken aufzuhören. Doch für Franz steht fest, dass er nicht mehr arbeiten wird. Kontrapunktisch dagegen gesetzt wird die Verfluchung von Adam und Eva bei der Vertreibung aus dem Paradies. „Verflucht sollst du sein mit allem Vieh, auf dem Bauch sollst du kriechen, Staub fressen zeitlebens." Unmittelbar darauf folgt noch einmal Franz Biberkopfs Entschluss: „Wir arbeiten nicht mehr, es lohnt nicht." Gleichsam wie unter einem Wiederholungszwang geht Franz zu Minnas Haus, tritt aber nicht ein.

Franz Biberkopf will nicht mehr arbeiten

Am Ende dieses Buches zeigt er sich von dem ersten Schlag, den er empfangen hat, erholt. Er begibt sich aus seiner Wohnung auf den Hinterhof und beobachtet, wie das Hausmeisterehepaar, das sich an mehreren Diebstählen in einer Großhandelsfirma im Hinterhof des Gebäudekomplexes beteiligt hat, von der Polizei festgenommen wird. Statt auf sein Zimmer zurückzukehren, läuft er zum Alexanderplatz, isst seit langem wieder etwas und marschiert, wieder einmal, zu Minna. Dort trifft er aber nur deren Ehemann Karl an, der Franz äußerst unfreundlich begegnet. Franz verschafft sich jedoch einen triumphalen Abgang: „Und du Schweinekerl bist das dämlichste Luder der Welt." Hat er zu Beginn sein Selbstbewusstsein dadurch wiedergewonnen, dass er mit Minna geschlafen hat, gewinnt er es jetzt dadurch zurück, dass er dem gehörnten Ehemann seine Meinung sagt.

Franz Biberkopf erholt sich

Streit mit Karl

Zufrieden und von seiner eigenen Stärke überzeugt, schlägt er die Warnungen einer mahnenden Stimme – die Stimme des Todes, wie sich am Ende des Romans herausstellen wird – in den Wind: „Wer Franz Biberkopf ist. Der fürchtet sich vor nichts. Ich hab Fäuste. Sieh mal, was ich für Muskeln habe."

142

Wiedergewonnenes Selbstbewusstsein

Welche Funktion haben nun die beiden Schlachthof-Kapitel in diesem Buch? Die Überschrift des Kapitels, ein Zitat aus Prediger 3.19, schließt an die Paradies-Paraphrase im Kapitel zuvor an: Mensch und Vieh stehen in ihrer Kreatürlichkeit auf einer Ebene: „Wie dies stirbt, so stirbt er auch."

Schlachthofkapitel

24

In diesem Kapitel wird aber minutiös geschildert, wie die Tiere gleichsam fabrikmäßig in einer großstädtischen Schlachthofanlage zu Tode gebracht werden. Der Schlachthof ist mithin ein Sinnbild für die Gewalt, die ein beherrschendes Thema des Romans ist, Gewalt, die erlitten wird, deren Opfer man wird, und Gewalt, die man anderen zufügt. Der Zusammenhang mit der Geschichte von Franz Biberkopf liegt auf der Hand. Franz sieht sich im Roman selber als Opfer an, dem das Schicksal schwere Schläge versetzt und denen er sich nicht entziehen kann. Erinnert sei an dieser Stelle an seine empörte Identifikation mit Stefan Zannowich, der zusammen mit totem Vieh auf den Schindanger geworfen wird. Besonders deutlich wird der Zusammenhang dort, wo die Schlachtung eines Stiers geschildert wird: in seiner Stärke, Schicksalsergebenheit und Blindheit, mit der er den tödlichen Schlag erwartet, ähnelt er dem kobrastarken Franz, der mit derselben Stumpfheit und Schicksalsergebenheit die Schläge empfängt.

Schlachthof als Sinnbild von Gewalt

Zusammenhang mit der Geschichte Franz Biberkopfs

Franz Biberkopf erleidet aber nicht nur Gewalt, sondern erscheint auch selber in der Rolle des Schlächters. Er hat Ida erschlagen, er hat Minna vergewaltigt und zeigt sich auch später immer wieder gewaltbereit. In Konfliktsituationen nehmen sofort Gewaltphantasien und -impulse von ihm Besitz. Sowohl in seiner ständig wiederkehrenden Renommiersucht als auch im Beharren auf seine Stärke am Ende des Buches kommen seine Ahnungslosigkeit und Naivität zum Ausdruck, die sich in der Ahnungslosigkeit des Viehs auf dem Weg zur Schlachtbank spiegeln.

Franz Biberkopf als Schlächter

Im Zentrum des Buches, zwischen den beiden Schlachthofkapiteln, steht die Hiobparaphrase. Auch hier muss sorgfältig darauf geachtet werden, in welchem Kontext dieses Kapitel steht. Es folgt unmittelbar auf eine an die Beschreibung des Schlachthofs anschließende kurze Passage, in der eine nicht weiter definierte Stimme Franz dazu auffordert, endlich aus seiner „elenden Kammer" herauszugehen. Auch Hiob liegt, nachdem er alles verloren hat, verzweifelt darnieder. Eine Stimme fragt ihn, woran er am meisten leide. Hiob verwei-

Hiobparaphrase

gert zunächst die Antwort, doch dann gesteht er: „Ich habe keine Kraft, das ist es." Und kurz darauf: „Ich bin weich, ich schäme mich." Die Stimme macht die Ausweglosigkeit von Hiob deutlich: er will „widerstreben können ... oder lieber ganz durchlöchert sein ... dann schon ganz Vieh". Die Alternative lautet also: Stärke und Widerstand oder Schicksalsergebenheit. Auf die flehentliche Bitte Hiobs an die Stimme, sie möge ihn heilen, antwortet diese, er wolle sich von niemandem helfen lassen. Hiob weigert sich, dies einzugestehen, und erst als sein Widerstand gebrochen ist, kann die Heilung beginnen.

Hiobs Heilung

Auch hier wird eine Parallele zwischen Franz Biberkopf und der Gestalt des Hiob erkennbar. Ähnlich wie Hiob schwankt Franz Biberkopf zwischen störrischer und sturer Selbstbehauptung und apathischer Schicksalsergebenheit, auch er weigert sich, die Hilfe anderer Menschen anzunehmen. Im Unterschied zu Hiob gibt er diese Haltung zunächst aber nicht auf, sondern beharrt auf seiner Stärke.

Franz Biberkopf und Hiob

Die Geschichte des Hausmeisterehepaars Gerner hat einen leicht erkennbaren Bezug zu Franz Biberkopf. Er wird ähnlich wie die Gerners als Mitglied einer Diebesbande ins Unglück geraten. Und so, wie Franz Biberkopf zu dem Entschluss kommt, nicht mehr zu arbeiten, weigert sich auch Gerner, noch einmal als Polier zu arbeiten, und versucht stattdessen, mit kriminellen Methoden schnelles Geld zu verdienen.

Parallele Hausmeisterehepaar und Biberkopf

Fünftes Buch (S. 144 – S. 190)

Franz Biberkopf auf dem Alexanderplatz

Franz Biberkopf zeigt sich nach dem Schlag, den ihm Lüders versetzt hat, erholt. Er handelt wieder mit Zeitungen, jetzt am Alexanderplatz, wo er eines Tages seinen alten Freund Meck wiedertrifft. Er lässt sich von Meck, der sein Geld nicht auf saubere Art zu verdienen scheint, dazu überreden, ihn in eine Kneipe zu begleiten, in der er mit dem kriminellen Milieu in Berührung kommt, das ihm am

Ende dieses Buchs zum Verhängnis wird. Noch aber strotzt Franz Biberkopf vor Kraft und Selbstbewusstsein.

Meck macht ihn mit Pums bekannt, nach außen Obsthändler, tatsächlich aber Chef einer Diebesbande. Franz reagiert auf das Angebot von Pums, gelegentlich bei ihm mitzuarbeiten, vorsichtig abwartend; er scheint gelernt zu haben, denn gerade Pums' forsche Art zu reden macht ihn misstrauisch. Wir erinnern uns an die Begeisterung, in die ihn die Rede des Messehändlers zu Beginn des Romans versetzt hat.

Bekanntschaft mit Pums

Unwiderstehlich zieht es Franz dann aber zu Reinhold hin, auf den ihn Meck aufmerksam macht: „Kuck dir mal den Gelben an, das ist hier der Hauptmacher." Es wird für den Leser von vornherein klar, dass mit Reinhold eine für den weiteren Verlauf des Romans entscheidende Person auftritt. Keine Person des Romans wird so ausführlich beschrieben, keiner Person widmet Franz Biberkopf eine solche Aufmerksamkeit. Er „fühlte sich mächtig von ihm angezogen". Obwohl er ahnt, dass etwas mit Reinhold nicht stimmt, sucht Franz fortan einen intensiven Kontakt zu ihm.

Freundschaft mit Reinhold

Eines Tages gesteht Reinhold seinem neuen Freund Franz, dass er nach kurzer Zeit seiner Freundinnen überdrüssig werde, es aber kaum fertig bringe, ihnen den Laufpass zu geben. Darauf entwickelt sich ein „schwunghafter Mädchenhandel": Franz erklärt sich bereit, die Freundinnen von Reinhold zu übernehmen, wenn der sie loswerden will. Auf diese Art lernt Franz auch seine neue Freundin Cilly kennen. Von da an weigert er sich, das Spiel weiter mitzuspielen, und versucht Reinhold, zunächst mit einigem Erfolg, von seiner „Krankheit" zu heilen, indem er die neuen Freundinnen vor Reinhold warnt. Als Franz in seiner dem Leser bereits bekannten Renommiersucht Meck von seinen Erfolgen bei seinem „Erziehungsobjekt" erzählt, kommt Reinhold hinzu und wird angesichts von Franzens Sprüchen misstrauisch: „Du möchtest mir wohl zu einem Ehekrüppel zurechtkurieren?" Auf dem Hintergrund der weiteren Handlung besitzt der Satz eine über den Augenblick hinausweisende Be-

„Schwunghafter Mädchenhandel"

Reinhold als Franz Biberkopfs „Erziehungsobjekt"

deutung. Nicht Franz wird Reinhold zum Ehekrüppel machen, sondern Reinhold wird Franz zum tatsächlichen Krüppel machen. Und schließlich wird er in seiner mörderischen Triebhaftigkeit Mieze, die Geliebte von Franz, ermorden.

Zweites Angebot von Pums

Dass Franz' Realitätssinn mittlerweile schon wieder etwas getrübt ist, wird auch bei seiner Reaktion auf Pums' wiederholtes Angebot, bei dessen dunklen Geschäften mitzumachen, deutlich: er ist schwankend: „Franz will und will wieder nicht." In seiner Ratlosigkeit bittet er ausgerechnet Reinhold um Rat und erklärt sich bereit, mit Pums später noch einmal über die Sache zu sprechen.

Franz Biberkopf geht auf drittes Angebot von Pums ein

An einem Sonntagnachmittag kurz darauf begibt sich Franz, von einer geheimnisvollen Kraft getrieben – er glaubt, Glockenschläge gehört zu haben, die von einem wichtigen Geschehnis künden -, auf die Straße. Dort beobachtet er eine Schlägerei zwischen zwei Leuten aus der Bande von Pums. Einem von den beiden ist er behilflich. Dieser bittet ihn, Pums Bescheid zu geben, dass er am Abend nicht kommen könne. So kommt es schließlich dazu, dass Pums Franz zum dritten Mal ein Angebot macht, er möge einspringen, der Verdienst sei gut. Und diesmal sagt Franz nach kurzem Zögern zu, umso zufriedener, als er feststellt, dass auch Reinhold bei dem nächtlichen Warentransport mitmacht.

Der Raubzug

Mit grenzenloser Naivität hat Franz sich auf einen Raubzug eingelassen. Als er bemerkt, dass er „Schmiere stehen" soll, ist es zu spät. Er erhält mehrere Schläge auf den Arm und ist nicht fähig fortzulaufen. Nach dem Einbruch wird die Bande von einem Auto verfolgt; als Reinhold sieht, wie Franz sich darüber freut, erwacht in ihm ein furchtbarer Hass auf Franz, und er wirft ihn nach kurzem Kampf aus dem Auto. Franz wird vom Verfolgerauto überfahren.

Reinhold stößt Franz Biberkopf aus dem Auto

Zu untersuchen ist nun, wie dieses Buch, auf dessen zahlreiche Abschweifungen nicht genauer eingegangen werden kann, motivisch strukturiert ist und wie es mit den vorangegangenen Büchern verknüpft ist. Ähnlich wie in einigen Büchern zuvor steht auch hier zunächst die Stadt im Vordergrund. Beschrieben werden die Bauarbeiten am Alexan-

Motivische Strukturierung des sechsten Buchs

derplatz. Es ist die Rede von einer Dampframme, die mit einer enormen Gewalt Stangen in den Boden wuchtet. Bemerkenswert ist die Metaphorik, mit der dieser Vorgang beschrieben wird: „Ratz kriegt die Stange eins auf den Kopf ... die haben sie fein eingepökelt." Das abgerissene Kaufhaus Hahn ist „ausgeweidet" (Hervorhebung: T. S.). Diese Metaphorik erinnert den Leser an die Schlachthofkapitel im vorangehenden Buch: Die mechanische Gewalt, mit der das Vieh getötet wird, beherrscht auch das Leben der Stadt. Wenn am Ende dieses Buches Franz Biberkopf mehrere Schläge auf den Arm erhält, die ihn schier lähmen, und schließlich auf den Kopf, dann widerfährt ihm eine ähnliche Behandlung wie dem Vieh. Es ist sicher kein Zufall, wenn Franz in dieser Situation von Reinhold erst als „dickes Schwein", dann als „Rindsvieh" bezeichnet wird. An die Dampframme ist man erinnert, wenn von der „eisernen Klaue" Reinholds die Rede ist. Diese Metapher wird kurz darauf fortgesetzt im Bild der Welt als zerstörerische Maschine, die alles niederwalzt: „Das ist ein Tank, Teufel mit Hörnern und glühenden Augen drin." Dazu passt es, wenn Franz Biberkopf schließlich von einem Auto überrollt wird.

Gewalt im Schlachthof und in der Stadt

Die Welt als zerstörerische Maschine

Im Gegensatz dazu stehen das ungeheure Selbstbewusstsein und die Renommiersucht von Franz, die das ganze Kapitel beherrschen. Gleich zu Beginn gibt Franz mit seiner Kraft an: „Ein Mensch, der Kraft hat, muß essen." Unmittelbar darauf, als ob die tragische Verblendung Franzens besonders hervorgehoben werden soll, ist von den Viehtransporten aus den Provinzen die Rede. Überdeutlich wird die Ahnungslosigkeit von Franz Biberkopf, wenn es heißt: „Im Nebel gehst du." Dass Franz ausgerechnet Reinhold zu seinem Freund macht, auf den er nichts kommen lassen will, ist Ausdruck seiner Blindheit. Nicht umsonst belehrt ihn Cilly gerade im Hinblick auf Reinhold: „Du bist aber reichlich ein bißchen naiv, Franz." Voller Stolz verkündet Franz gegenüber Reinhold, dass er weiß, „wo der Weg langgeht". Am Ende lässt er sich aber von Pums einspannen, trotz seiner Vermutungen, dass es bei dessen Geschäften nicht mit rechten

Franz Biberkopfs Renommiersucht

Franz Biberkopfs Blindheit

29

Dingen zugeht. Er fällt jedoch aus allen Wolken, als er feststellt, dass er in eine kriminelle Geschichte hineingeraten ist.

Das Buch schließt nicht nur in vielfältiger Form an die Motivik der vorangegangenen Bücher an. Auch was die Handlungsstruktur anbetrifft, lassen sich **Wiederholungen** Wiederholungen, teilweise bis in Details, feststellen. Wieder erholt sich Franz von einer schweren Krise, er handelt wieder mit Zeitungen, seine Naivität und Renommiersucht werden ihm auch hier zum Verhängnis, und als er schließlich spurlos verschwindet, macht sich seine beunruhigte Freundin wieder einmal zusammen mit Meck auf die Suche. Und ähnlich wie vom ersten Schlag wird sich Franz auch vom zweiten wieder erholen.

Das Schnitter-Motiv

Zugleich verweisen einige neue Motive auf den weiteren Fortgang des Romans. Auf das wichtigste sei hier verwiesen. Als Franz beschließt, Reinhold „mal die Weiber gründlich (zu) verekeln", tauchen die ersten Zeilen aus dem „Erntelied" auf, das sich in der von Achim von Arnim und Clemens Brentano herausgegebenen Sammlung alter deutscher Lieder „Des Knaben Wunderhorn" befindet: „Es ist ein Schnitter, der heißt Tod, hat Gewalt vom großen Gott. Heut wetzt er das Messer, es schneidt schon viel besser, bald wird er drein schneiden, wir müssens erleiden." Von Beginn an wird Reinhold mit diesem Bild des Todes in Verbindung gebracht, das von nun an leitmotivisch, oft in ganz verkürzter Form, im Roman wiederkehren wird.

Sechstes Buch (S. 191 – S. 270)

Franz Biberkopf bei Eva und Herbert Wischow

Als Franz Biberkopf nach dem Unfall schwer verletzt auf der Straße gefunden wird, bittet er darum, zu Herbert Wischow, einem alten Freund aus der Zeit vor seinem Gefängnisaufenthalt, gebracht zu werden. Herbert Wischow ist Zuhälter und lebt mit Eva, einer früheren Freundin von Franz, die ihn immer noch liebt, zusammen. Nach der Entlassung aus dem Gefängnis hat Franz den Kontakt zu den alten Freunden vermieden, um nicht wieder ins kriminelle Milieu zu geraten. Herbert sorgt dafür, dass Franz in ein Krankenhaus nach Magdeburg gebracht wird, wo ihm der rechte Arm amputiert wird. Zunächst schweigt er über die Ereignisse, doch schließlich gesteht er seine Naivität ein und erzählt seinen Freunden, wie es zum Unfall gekommen ist, verrät aber nicht, dass es Reinhold war, der ihn aus dem Auto gestoßen hat. Franz wird klar, woher Reinholds Hass rührt, er sinnt aber nicht auf Rache. Er will wieder auf die Beine kommen. „Wir werden weiter sehen."

Als Schreiber, ein Mitglied der Pumsbande, zu Franz kommt, um ihm eine Art Schweigegeld zu geben, missverstehen Franz und Eva die Situation – sie glauben, Schreiber will Franz umbringen. Franz bricht ohnmächtig zusammen. Als er wieder zu sich kommt, fasst er den Entschluss, sich gegen sein Schicksal zu wehren: „Wenn du jetzt nichts tust, Franz, nichts Wirkliches, Endgültiges, Durchgreifendes, wenn du nicht einen Knüppel in die Hand nimmst, einen Säbel, und um dich schlägst, wenn du nicht, kann sein womit, losrennst, Franz, Franzeke, Biberköpfchen, dann ist es aus mit dir, restlos!" Wie nach dem ersten Schlag rafft er sich wieder auf und läuft durch die Straßen von Berlin, trinkt in den Kneipen und „will ordentlich zu Kraft kommen". So beginnt die „dritte Eroberung Berlins".

„Dritte Eroberung" Berlins

Er will unabhängig von Herbert und Eva werden, nimmt sich ein eigenes Zimmer und will zu Geld kommen. Emmi, einer Gelegenheitsbekanntschaft, verkündet er auf einem Spaziergang durch die Stadt seine „Lebensphilosophie": „Bloß nicht arbeiten ... Vons Arbeiten is noch keen Mensch reich geworden, sag ich dir. Nur vom Schwindeln." Franz befindet sich erneut auf dem Weg in die Schlacht.

Franz Biberkopf gibt seine guten Vorsätze auf

Er lernt Willi, einen cleveren und zynischen jungen Mann, kennen, der ihn mit seinem sophistischen Gerede beeindruckt – „verfluchter Junge, dieser Willi, verfluchter Junge, verfluchter Junge" – und mit dem er von nun an viel zusammen sein wird. Willi ist ein ehemaliger Kommunist und nun ein erklärter Anarchist, dessen Grundidee sich in einem

Freundschaft mit Willi

Satz zusammenfassen lässt: „Mir geht nichts über mich." Nach der Diskussion mit Willi steht für Franz fest: „Ick muß zu Geld kommen. Wo icks herkriege, ist mir egal." Seinen Vorsatz, anständig zu bleiben, hält er jetzt nur noch für das Resultat eines „Zuchthausknalls". Mit Hilfe von Willi wird er

Franz Biberkopf wird Hehler

zum Hehler, verdient gutes Geld, kleidet sich neu ein, heftet sich das eiserne Kreuz an die Brust, wird zu einer respektablen, gutbürgerlichen Gestalt und versorgt sich mit falschen Papieren.

Sein Glück scheint vollständig zu sein, als Eva ihm eine Freundin besorgt. Mieze ist ein junges Mäd-

Mieze

chen aus der Provinz, das Eva am Stettiner Bahnhof aufgegabelt hat und um das sie sich kümmert, nachdem Mieze, wegen Prostitution verhaftet, ihre Stellung verloren hat und von der Mutter „rausgeschmissen" worden ist. Eines Tages stellt Franz fest, dass Mieze auch jetzt noch als Prostituierte arbeitet, um ihn, der mit seiner Behinderung nicht richtig arbeiten kann, zu unterstützen. Zunächst

Franz Biberkopf wird Miezes Zuhälter

kann er sich damit nur schwer abfinden, doch dann akzeptiert er die neue Situation, Miezes Zuhälter zu sein. Ihrer Verliebtheit tut das keinen Abbruch.

Von nun an führt Franz ein bequemes Leben. Die warnende Stimme seines Gewissens ignoriert er, er ist mit seiner neuen Lebensweise einverstanden: „Nee, ick bin nich anständig, ick bin ein Lude. Da schäm ich mir gar nicht für."

Besuch politischer Versammlungen

Seinen Hehlergeschäften geht er nur noch sporadisch nach, stattdessen treibt er sich mit Willi herum, besucht politische Versammlungen und provoziert in einer der anschließend stattfindenden Diskussionen einen anarchistisch eingestellten Arbeiter, der ihm vorwirft, er wisse nicht, was Solidarität sei, und ihn warnt, er werde sich noch den „Kopp einrennen". Schließlich lässt sein Interesse an Politik nach, tagelang schlendert er ziellos durch Berlin, bis er sich eines Tages vor den Mauern des Gefängnisses in Tegel wiederfindet, wohin es ihn unwiderstehlich getrieben hat. Ein große Müdigkeit überkommt ihn. „Und der gewaltsame Schlaf kommt wieder und reißt ihm die Augen auf

Blindheit und Einsicht

und Franz weiß alles." Die paradoxe Verbindung von Blindheit und Einsicht ist seit der Antike ein klassisches Motiv der Literatur. Zu welcher Einsicht er kommt, bleibt an dieser Stelle jedoch unklar. Interessanterweise montiert der Erzähler an dieser Stelle die Paraphrase der alttestamentarischen Geschichte von Abraham und Isaak ein, auf die später noch genauer einzugehen sein wird. Es liegt jedenfalls nahe, Franz Biberkopfs plötzliche Einsicht auf dem Hintergrund dieser Geschichte zu sehen. **Abraham-Isaak-Paraphrase**

Sein weiteres Verhalten zeugt jedenfalls nicht von einem grundlegend veränderten Lebenswandel. Er befasst sich nun nicht mehr mit Politik, sondern lebt in den Tag hinein und wird mehr und mehr zum Säufer. Auf Miezes Ermahnungen, die Sauferei sein zu lassen, antwortet er: „Dann setzt man Fett an und denkt nicht soviel."

Franz Biberkopf fühlt sich zunehmend von seinen Freunden bevormundet, seine Stimmung wird immer düsterer, er leidet unter seiner Behinderung: „Mir haben sie zum Krüppel gemacht ... ick bin zu nischt gut." In dieser depressiven Stimmung fasst er schließlich einen verhängnisvollen Entschluss, um aus seiner Lethargie und Unzufriedenheit herauszukommen: Er marschiert – wieder wird sein Weg durch Berlin wie ein Marsch in den Krieg beschrieben – zu Reinhold, ohne eigentlich zu wissen, warum. Reinhold ist zunächst alarmiert, als er Franz hereinkommen sieht, doch sehr bald bemerkt er dessen Hilflosigkeit und Schwäche. „Ick kann nichts, ick kann gar nichts", geht es Franz durch den Kopf. Erbarmungslos treibt Reinhold sein sadistisches Spiel mit Franz, er lässt sich von ihm den Armstumpf zeigen, spielt mit dem herunterhängenden Hemdsärmel, indem er ihn mit Strümpfen vollstopft, und sagt Franz schließlich in aller Offenheit, dass er Krüppel nicht leiden kann. Franz kann sich nicht wehren und ergreift zitternd die Flucht. **Leiden an der Untätigkeit**

Franz Biberkopf geht zu Reinhold

Demütigung durch Reinhold

Als er über den demütigenden Besuch bei Reinhold nachdenkt, hat er einen seiner ganz wenigen wirklich hellen Momente. „Ob es nicht Quatsch, verfluchter Mist ist, dass er auf Reinhold seine Bude gegangen ist, und das soll der Deibel holen, und das ist Quatsch, wenn die Soldaten durch die Stadt **Franz Biberkopfs Einsicht** marschieren, Quatsch is es, Verbohrtheit, und da muss ich raus, ich muss was anderes machen." Im Verlauf des ganzen Romans bis zu seinem Kampf mit dem Tod am Ende ist Franz an keiner Stelle so nahe an einer grundlegenden Einsicht in die Fehlerhaftigkeit seiner Existenz, die ihm viel Leid erspart hätte. Gleichzeitig aber meldet sich in ihm eine andere Stimme: er schämt sich seiner Schwäche vor Reinhold, er will nicht als Feigling erscheinen und marschiert gegen besseres Wissen erneut zu Reinhold. Leutselig erklärt er diesem nachträglich sein Einverständnis damit, dass dieser ihn zum Krüppel gemacht hat. Auf den einen Arm könne er verzichten, er habe noch einen, „und dann hab ick noch eenen Kopp".

Erneuter Besuch bei Reinhold

Man wird hier von tragischer Ironie sprechen können: in dem Augenblick, in dem Franz mit seiner Klugheit aus Erfahrung renommiert, beschließt Reinhold, ihn endgültig zu vernichten – „Dem muss man die Knochen knacken" – und ihm seine Freundin wegzunehmen – „Die nehme ick ihm weg und dann schmeiß ick ihn ganz und gar in den Dreck." Doch Franz ist „gewaltig lustig". Zwei Menschen liebt er: Mieze und Reinhold.

Reinhold will Franz Biberkopf vernichten

Das Buch schließt mit einem kurzen Resümee des bisherigen Weges von Franz Biberkopf und wirft einen Blick in die Zukunft. Er wird noch einmal in den Kampf ziehen, um seine Stärke zu beweisen.

Auch dieses Buch enthält zahlreiche Elemente, die über die Geschichte von Franz Biberkopf hinausweisen und sie zugleich kommentieren. Neben etlichen Motiven, die in den vorigen Büchern angelegt worden sind und in diesem Buch weitergeführt werden, taucht nun ein neues Leitmotiv auf. Als Franz zum ersten Mal nach seiner Operation wieder nach draußen geht, um wieder zu Kräften zu kommen, paraphrasiert der Erzähler das 17. Kapitel aus der Offenbarung des Johannes, in dem es um die große Hure Babylon geht, Bild der lasterhaften und verführerischen Großstadt. So wie Babylon zum Untergang verurteilt ist, sind auch jene zum Untergang verurteilt, die sich vom Glanz und Reichtum der großen Hure haben verführen lassen. Wenn Franz in diesem Buch all seine guten Vorsät-

Die „Hure Babylon" als neues Leitmotiv

ze über Bord wirft und zum Hehler und Zuhälter wird, dann ist auch er ein von der großen Hure Babylon Verführter. Der Erzähler führt die Geschichte von Franz ganz eng an den biblischen Text heran, wenn er unmittelbar nach der Paraphrase des biblischen Textes seinen Helden erst einmal in die Kneipen ziehen lässt, wo er ein Bier nach dem anderen trinkt. Insgesamt spielt, wie wir gesehen haben, das Trinken von Franz in diesem Buch eine besonders große Rolle. So wie sich die Hure am Blut der Heiligen berauscht, sind diejenigen Menschen betrunken, die „sich am Wein ihrer Unzucht berauscht haben", wie es gleichfalls in diesem Kapitel der Apokalypse des Johannes heißt. Und zu diesen Menschen gehört auch Franz. Dieses von nun an bis zum Schluss des Romans auftretende Leitmotiv von der Hure Babylon ist also ein Bild der Verführbarkeit, zugleich aber auch der Zerstörungskraft und des Untergangs. Wie fein der Erzähler das Netz seiner Anspielungen und Zitate verknüpft, erweist sich, wenn man an den Anfang des Romans zurückdenkt. Dort wird unvermittelt der Prophet Jeremia zitiert: „Wir wollen Babylon heilen, aber es ließ sich nicht heilen. Verlasst es, wir wollen jeglicher nach seinem Lande ziehen. Das Schwert komme über die Kaldäer, über die Bewohner Babylons." Auch Franz verweigert die Heilung, und wie die Kaldäer, ein Volk von Eroberern, sich zu den Herren von Babylon gemacht haben und am Ende untergehen, so schickt sich Franz an, Berlin zu erobern, und wird dabei scheitern. Interessanterweise überschreibt der Erzähler das Kapitel, das auf die erstmalige Erwähnung der Hure Babylon folgt: „Dritte Eroberung Berlins".

Die „Hure Babylon" als Sinnbild der Verführbarkeit und Zerstörung

Nur am Rande sei bemerkt, dass das Bild der großen Stadt als Hure Babylon und als apokalyptische Vision in der Großstadtdichtung und -malerei seit dem Expressionismus eine große Rolle gespielt hat und Berlin vor allem von einer konservativen Kulturkritik als das neue Babylon bezeichnet worden ist.

Die große Stadt als „Hure Babylon" Berlin als das „neue Babylon"

Ist das Bild der Hure Babylon ein Hinweis auf Franz Biberkopfs Verblendung, so gibt es immer wieder Augenblicke plötzlicher Einsicht. Ein solcher Augenblick ist der bereits oben erwähnte Schlaf vor dem Gefängnis in Tegel, der „ihm die Augen (aufreißt)". Die unmittelbar darauf folgende Geschichte von Isaak und Abraham erscheint als eine Art Gegenmodell zum Verhalten von Franz. Isaak überwindet seine Todesfurcht erst, als er den von Gott geforderten Tod in aller Demut und ganz bewusst in seinen eigenen Willen aufnimmt. Während Isaak das zwanghafte Bedürfnis der Selbsterhaltung überwindet und sich genau diese Fähigkeit als Bedingung des Lebens und der Erlösung erweist, sieht Franz im Kampf die einzige Möglichkeit, der Furcht zu entgehen. Am Ende der Geschichte von Abraham und Isaak heißt es: „Sie fallen beide auf das Gesicht." Auch Hiob fällt schließlich auf das Gesicht.

Isaak als Gegenmodell zu Franz Biberkopf

Diese gemeinsame Demutsgeste verweist auch auf einen gemeinsamen Sinngehalt der beiden Geschichten: sowohl Hiob als auch Isaak werden in dem Augenblick gerettet, wo sie ihren Widerstand aufgeben und sich zur Selbsthingabe entschließen. Ganz im Gegensatz dazu sucht Franz den Kampf. Bezeichnenderweise lautet die Überschrift des letzten Kapitels, das einen Ausblick in die Zukunft gibt: „Die Faust liegt auf dem Tisch" – alles andere als eine Demutsgeste.

Siebentes Buch (S. 271 – S. 319)

Wie in den vergangenen Büchern folgt auf Franz Biberkopfs mühsame Wiedergewinnung seines Lebensmutes nach den Schlägen der nächste Schlag: Reinhold wird in diesem Buch Mieze ermorden.

Mieze soll auf Franz Biberkopf aufpassen

Herbert und Eva sind beunruhigt, dass Franz wieder den engen Kontakt zur Pumsbande sucht, und schärfen Mieze ein, gut auf ihn aufzupassen. Doch auch die Pumsbande kann sich Franzens Anhänglichkeit, nach allem, was geschehen ist, nicht erklären. Reinhold stellt alle möglichen Überlegungen über Franzens Beweggründe an, ist aber bereit, sich auf einen Kampf mit ihm einzulassen: „Dem tret ick die Beene kaput." Und in Anspielung auf den gemeinsamen Besuch bei der Heilsarmee heißt es: „Bei mir ist ne Bußbank, kannste büßen." Unmittelbar im Anschluss an das Bild der Bußbank wird die Isaak-Geschichte wieder aufgenommen. Der Blick des Erzählers richtet sich auf die Zukunft, wenn er Franz zur Einsicht gelangen lässt, dass es besser gewesen wäre, wenn er sich schon früher auf die Bußbank gelegt hätte. Dann kehrt die Erzählung in die Gegenwart zurück. Im Gegensatz zu Isaak und Hiob „gibt (Franz) nicht nach", er „haut um sich und zeigt ihnen die eine Faust". Es gelingt ihm, die Bedenken der Pumsbande zu zerstreuen, und beim nächsten Einbruch ist Franz wieder dabei. „Er hats geschafft." Mieze, der er von dem Einbruch erzählt, gesteht er, dass es ihm nicht ums Geld geht, sondern, so wird man ergänzen können, um sein Selbstwertgefühl.

Reinholds Hass auf Franz Biberkopf

Franz Biberkopf wird Mitglied der Pums-Bande

Die Ruhe und Selbstsicherheit von Franz lassen Reinhold keine Ruhe. Er begibt sich zu Mieze, um zu erfahren, warum Franz sich der Pumsbande wieder angeschlossen hat. Zugleich aber möchte er wissen, was für eine Person Mieze ist. „Ist eine hübsche Person, die, die werden wir bald haben." Dass Reinhold Mieze zum Verhängnis wird, deutet der Erzähler schon bei der ersten Begegnung an, wenn er ausdrücklich auf Reinholds Hände verweist.

Reinhold bei Mieze

Als Reinhold Franz auf sein Verhältnis zu Mieze anspricht, fällt Franz wieder in seine alte Renommiersucht zurück. Zunächst gibt er damit an, wie sehr Mieze in ihn verliebt ist, erzählt dann – „du hältst aber dicht" –, von Miezes merkwürdig selbstlosem Wunsch, dass Eva ein Kind von Franz bekommen möge, und lädt Reinhold schließlich in seine Wohnung ein, er möge doch unter der Bettdecke versteckt beobachten, wie sehr Mieze ihm zugetan sei. Doch als sie kommt und ihm erzählt, sie habe sich in den Neffen ihres Gönners verliebt, verliert Franz die Fassung und er schlägt, obwohl ihm die Erinnerung an Ida kommt, auf Mieze ein. Als sie bemerkt, dass Reinhold alles beobachtet hat, schreit sie wie wahnsinnig und versetzt Franz in einen Tobsuchtsanfall. Nur mit Mühe kann Reinhold ihn davon ab-

Franz Biberkopf renommiert gegenüber Reinhold mit Mieze

Reinhold bei Mieze und Franz Biberkopf

37

Franz Biberkopf misshandelt Mieze

bringen, Mieze umzubringen. Obwohl Mieze übel zugerichtet ist, versöhnt sie sich noch am selben Abend mit Franz.

Bornemann-Geschichte als Parallele

Franz Biberkopfs wiedergewonnene, gleichwohl trügerische Sicherheit wird in Relation gesetzt zur Geschichte des Ausbrechers Bornemann, der sich ebenso in absoluter Sicherheit wähnt und am Ende doch noch von der Polizei gefasst wird. Diese Geschichte ist auf eine zugleich amüsante und raffinierte Weise mit der Geschichte von Franz verschachtelt.

Mieze sucht weiter den Kontakt zur Pumsbande, um mehr über Franzens Motive herauszubekommen und um ihn „beschützen" zu können. Sie lässt

Mieze sucht Kontakt zur Pumsbande

sich mit Karl, einem Mitglied der Bande, ein. Schließlich kommt es zu einer Landpartie, bei der sie ganz „zufällig" Reinhold treffen, der sich in den Kopf gesetzt hat, sie Franz auszuspannen. Als Mieze drei Tage später die Landpartie mit Reinhold und Karl wiederholt, kommt es zur Katastrophe. Auf einem Spaziergang durch den Wald will Mieze Reinhold aushorchen, dieser will sie unbedingt

Reinhold ermordet Mieze

verführen. Schließlich zwingt er sie dazu, sich mit ihm in eine „Kute" zu legen. Er droht ihr Gewalt an, wenn sie sich wehrt, und erzählt ihr zur Bekräftigung, wie er Franz aus dem Auto geworfen hat. Jetzt bekommt sie eine Antwort auf ihre Frage, wie Franz seinen Arm verloren hat. Ihr wird klar, dass sie es in Reinhold mit einem Mörder zu tun hat. Doch diese Einsicht kommt zu spät: als sie schreiend fliehen will, wird sie von Reinhold erwürgt.

Der Mord und das Schlachthof-Motiv

Die Erzählung dieses Mordes ist mit zahlreichen Motiven durchsetzt, die dem Leser bereits im Roman begegnet sind. Da ist zunächst das Schnitter-Motiv, das dort im Roman zum ersten Mal auftaucht, wo Reinhold auf der Bildfläche erscheint. Der auf die Brust von Reinhold tätowierte Amboss deutet auf die Bußbank hin, auf die Reinhold Franz zwingen will. Von hier aus wiederum lässt sich eine Verbindung herstellen zur Schlachthofszene, die in dem Augenblick wieder zitiert wird, wo Reinhold Mieze ermordet: „Wenn man ein Kälbchen schlachten will, bindet man ihm einen Strick um den Hals,

geht mit ihm an die Bank." Und nachdem Reinhold Mieze erwürgt hat, heißt es: „Darauf schlägt man mit der Holzkeule dem Tier in den Nacken und öffnet mit dem Messer an beiden Halsseiten die Schlagadern."
Das Kapitel mündet in eine Art Epilog, in dem die apokalyptischen Bilder des Todes und der Gewalt heraufbeschworen werden.

Achtes Buch (S. 320 – S. 370)

Während sich Franz von den beiden ersten Schlägen nach einer Weile wieder erholt hat, zeigt dieses Kapitel, wie sein Lebenswille nun zerstört wird. Er zieht noch einmal in die Schlacht, doch letztlich richtet sich seine Aggressivität gegen sich selber. Als Mieze nach einige Tagen immer noch nicht wieder aufgetaucht ist, geht er beunruhigt zu Eva, die das Schlimmste befürchtet. Trotz intensiver Suche findet sich keine Spur von Mieze, und Franz beginnt schließlich zu resignieren. Was mit Mieze geschehen ist, kommt ans Licht, als es Streit in der Pumsbande gibt. Karl, der bei einem Einbruch gefasst wird, glaubt sich von Reinhold verraten und denunziert ihn aus Rache als Mörder Miezes bei der Polizei. Die Leiche Miezes wird schließlich gefunden. Reinhold, der ahnt, dass Karl ihn der Polizei verrät, warnt Franz, die Polizei sei ihm auf der Spur, und sucht anschließend selber das Weite. Eva bringt Franz bei einer befreundeten Prostituierten unter, wo sie eines Tages völlig aufgelöst erscheint, nachdem sie in der Zeitung gelesen hat, dass Franz und Reinhold wegen des Verdachtes, Mieze ermordet zu haben, gesucht werden.

Franz begreift nicht nur, warum Reinhold Mieze ermordet hat, sondern auch, dass sein Verhalten völlig verkehrt war: „Es war falsch, dass ich marschierte, falsch, falsch." Eine Einsicht, die er schon einmal vor seinem verhängnisvollen Weg zu Reinhold bereits gewonnen, dann aber wieder vergessen hat.

Franz Biberkopfs Resignation

Entdeckung von Miezes Leiche

Franz Biberkopfs Flucht

Franz Biberkopfs Einsicht

Franz Biberkopf gibt auf

Er gibt sich nun selber auf: „Mein Leben ist zu Ende, mit mir ist es aus, ich habe genug." Er zieht zwar wieder durch die Stadt, jetzt aber nicht mehr zielstrebig marschierend. Stattdessen beginnt er, die Stadt und sein Leben zu betrachten. Wieder kehrt er nach Tegel zurück, sagt sich aber zugleich, dass er dort nichts zu suchen habe, da er am Tode Miezes schuldlos sei. Er begibt sich auf den Friedhof und begegnet dort drei Selbstmördern auf ihren Gräbern, die ihm ihre Selbstmordgeschichten mitteilen. Das einzige, was Franz noch am Leben hält, ist das Bedürfnis, sich an Reinhold zu rächen. Er sucht ihn vergeblich und setzt in seiner Wut das Haus, in dem Reinhold gewohnt hat, in Brand.

Begleitet wird er auf seinem Weg von zwei Schutzengeln, die ihn vor dem Tod bewahren. Franz sei, so der ältere von den beiden Engeln, „dicht daran, sehend" und vor allem „fühlend zu werden". Er dürfe jetzt nicht sterben, ihm müsse die Möglichkeit gegeben werden, „sich zu stellen mit seiner Seele".

Franz Biberkopf will sich an Reinhold rächen

Zum letzten Mal zieht Franz in die „Schlacht". Er will Reinhold finden und töten, und als sich dies als unmöglich erweist, richtet sich seine ganze Zerstörungsbereitschaft gegen sich selber: „Weil ich aber Reinhold nicht kann töten, bring ich mich selber um. Ich fahr in die Hölle mit Pauken und Trompeten."

Zunächst geht er in eine Kneipe, in der sich einige entlaufene Strafgefangene über ihre Gefängniserfahrungen unterhalten. Ein alter Mann trägt eine Moritat vom „Toten Sträfling" vor, die auf Franz Biberkopfs Leben gemünzt sein könnte und die er auch auf sein eigenes Schicksal bezieht. Kampflos aber will er nicht enden. Ganz bewusst begibt er sich in eine Kneipe, in der gerade eine Razzia stattfindet. Als mehrere Polizisten auf ihn zukommen, um ihn festzunehmen, schießt er einen von ihnen an, wird überwältigt und ins Polizeipräsidium gebracht. Noch einmal hat Franz seine Stärke und Gewaltbereitschaft unter Beweis gestellt, nicht nur gegen andere, sondern schließlich auch gegen sich selbst. „Hat aufgegeben, hat verflucht das Dasein, hat die Waffen gestreckt. Liegt da."

Der Schuss auf den Polizisten als Versuch der Selbstzerstörung

Neuntes Buch (S. 371 – S. 411)

Im letzten Buch gelangt Franz in der Begegnung mit dem Tod zu einer Einsicht in die grundlegenden Irrtümer seines Lebens und geht gleichsam als neuer Mensch aus der Krise, die ihn an den Rand des Todes gebracht hat, hervor.

Bevor der Leser erfährt, wie es mit Franz weitergeht, lässt der Erzähler in einem Akt der poetischen Gerechtigkeit Reinhold doch noch in die Fänge der Polizei geraten. Er befriedigt mit diesem Kapitel das Bedürfnis des Romanlesers, zu wissen, dass den Bösewicht die gerechte Strafe ereilt, distanziert sich aber zugleich ironisch von diesem Bedürfnis, indem er dem Leser gleich in der Kapitelüberschrift mitteilt, dass er dieses Kapitel durchaus überspringen könne.

Reinhold wird von der Polizei entlarvt

Franz ist in die Irrenanstalt Buch eingeliefert worden. Er schweigt, weigert sich, Nahrung zu sich zu nehmen, und wird schließlich zwangsernährt. Er will nur noch sterben. In einer Allegorie erscheint der gleiche Sturm, der nach der Ermordung Miezes wütet, und versucht, Franz aufzuwecken. Er soll die Stimme Miezes hören, auf dass sein Gewissen erwacht. Doch Franz „macht sich steif" – eine Formulierung, die im Verlauf des Romans gehäuft vorkommt und jeweils signalisiert, dass Franz sich gegen jede Einsicht sperrt – und weigert sich, irgend jemanden an sich herankommen zu lassen. Am Ende des Kapitels tritt die Hure Babylon wieder auf, siegesgewiss „prostet (sie) den Sturmgewaltigen zu", die sich um Franz bemühen. Sie ist sich ihrer Beute gewiss.

Franz Biberkopf in der Irrenanstalt

Franz Biberkopf will sterben

Das folgende Kapitel schildert die Ratlosigkeit der Ärzte angesichts von Franz Biberkopfs Zustand. Alfred Döblin, der selber als junger Arzt an der psychiatrischen Klinik in Buch gearbeitet hat, lässt sich die Chance zum Seitenhieb auf die eigene Zunft nicht entgehen und schiebt eine kleine Satire über den Richtungsstreit zwischen konservativer und moderner Psychiatrie ein.

Die Ratlosigkeit der Ärzte

Als Franz endgültig verloren zu sein scheint, tritt der Tod auf, der ihn rettet, indem er ihn auf die

Der rettende Tod tritt auf

Bußbank führt, ihn mit den Irrtümern und Verfehlungen seines Lebens konfrontiert und ihm die Chance der Umkehr bietet. Franz habe sich sein Leben lang „bewahrt", sich „in Stärke hineingekrampft"; als er ihn das erste Mal angesprochen habe, habe er sich verweigert. Der Tod fordert Franz auf, zu ihm auf die Leiter zu kommen: „Da findest du einen neuen Blick." Er ermöglicht ihm damit also eine neue Perspektive auf die Welt und auf sich selber, gleichsam die Fähigkeit, zu sich selber in eine kritische und reflektierende Distanz zu treten. Bis zu diesem Zeitpunkt schwankt Franz zwischen einem borniertem Bewusstsein der eigenen Stärke und dem Gefühl, das unschuldige Opfer eines ungerechten Schicksals zu sein.

Aufforderung zur Selbsterkenntnis

Als er sich weigert, dem Tod entgegenzukommen, ändert dieser seinen Ton. Hat er Franz bisher geduldig zugeredet, erteilt er ihm jetzt scharfe Befehle und schwingt ein blitzendes Beil. Der Tod erscheint nun im Anschluss an die Schlachthofkapitel als Schlächter, der sein Opfer auf den Schlachtblock zwingt. So wie schon die „Sturmgewaltigen", die Franz Biberkopfs Gewissen aufwecken wollen, sicher sind, dass der älteste Baum zu schreien beginnt, wenn man in sein hartes Holz schlägt, so fängt Franz nun an zu schreien. Verzweifelt ruft er dem Tod zu: „Ich leide, ich leide." Mit diesem Eingeständnis beginnt er sich erstmals aus seiner Verkrampfung zu lösen. Franz zeigt sich bereit, mit dem Tod über sein Leben zu sprechen. Als er sich, wie so oft, über sein Schicksal beklagt, macht ihm der Tod sein Versagen deutlich: Er habe sich die Menschen, mit denen er zu tun gehabt habe, nicht genau genug angeschaut, die Welt habe sich nach seinen Wünschen richten sollen, anstatt sich zu besinnen, habe er stur auf seiner Stärke beharrt, und schließlich trage er aufgrund seiner Prahlsucht auch Schuld am Tode von Mieze. Dass Franz etwas zu begreifen scheint, wird deutlich, wenn er sagt: „Lass mir besinnen."

Franz Biberkopf löst sich aus seiner Verkrampfung

Begegnung mit Lüders

Nach dieser ersten Begegnung mit dem Tod erwacht Franz Biberkopfs Lebenswille wieder. Er setzt sich mit seiner Lebensgeschichte auseinander. Lüders tritt ein, und er führt mit ihm das Gespräch, das er nach dem ersten Schlag nicht geführt hat. Dann erscheint Reinhold, der ihm seine Dummheit und Renommiersucht vor Augen führt und ihn zur Einsicht bringt: „Ich hätte keine Kraft haben müssen, gegen den nicht. Ick seh es, es war ja falsch." Ida, der Franz anschließend begegnet, bringt ihn dazu, dass er zum ersten Mal wirklich Reue zeigt. Er merkt, dass es mit dem Absitzen der vier Jahre Gefängnis nicht getan ist. Am schrecklichsten ist die Begegnung mit Mieze, die ihn seine Schuld besonders schmerzhaft empfinden lässt. Der Tod fordert ihn nach diesen Begegnungen auf: „Erkenne, bereue." Und nach einer zweiten Begegnung mit den vier Personen kommt das Eingeständnis: „Ich bin schuldig, ich bin kein Mensch, ich bin ein Vieh, ein Untier." Mit diesem Eingeständnis, zu dem der Tod ihn führt, ist die Existenz des alten Franz Biberkopf an ihr Ende gekommen. Der Tod des alten Franz Biberkopf ist die Bedingung eines neuen Lebens.

In dem nun folgenden Totentanzkapitel triumphiert der Tod über die große Hure Babylon, die ihre Niederlage im Kampf um Franz Biberkopf eingestehen muss. Zugleich aber sagt der Tod sein Ja zu den Schlachten und Kriegszügen, denen Franz von nun an skeptisch gegenüberstehen wird. Das Prinzip des Kampfes beherrscht die Welt, auch wenn Franz zur Einsicht gekommen ist.

Die letzten Kapitel des Buches sind als eine Art Epilog zu verstehen. Erzählt wird, wie Franz aus der Irrenanstalt entlassen wird und sich langsam wieder in Berlin zurecht findet. In Anknüpfung an den Anfang des Romans wird jetzt gezeigt, wie bedächtig er durch die Stadt geht. Die Vision herabstürzender Dächer stellt sich nicht wieder ein. Am Ende bezeichnet der Erzähler den Roman als „Enthüllungsprozess besonderer Art". Der Einsamkeit von Franz am Beginn des Romans steht seine Integration am Schluss entgegen. „Er steht nicht mehr allein am Alexanderplatz." Er wird in die Gesellschaft aufgenommen, indem man ihm eine Stelle als Hilfsportier anbietet.

Zwei grundlegende Einsichten Franz Biberkopfs stehen am Schluss des Romans. Die erste lautet:

Reinhold

Ida

Mieze

Schuldbekenntnis

Triumph des Todes über die Hure Babylon

Rückkehr nach Berlin

Integration in die Gesellschaft

Absage an das Schicksal

Gebrauche deine Vernunft, die zweite: Man darf das Schicksal nicht verehren, man muss es selber in die Hand nehmen.
Wenn der letzte Satz des Romans dennoch Schlachtgesang wiedergibt, dann zeigt dies, dass die Rettung des einzelnen Menschen Franz Biberkopf nicht gleichzusetzen ist mit der Erlösung der Menschheit, die weiter in den Krieg ziehen wird.

Thematische Aspekte

„Berlin Alexanderplatz" ist in vielerlei Hinsicht ein innovatives Werk, das dem Leser auch heute noch beträchtliche Schwierigkeiten bereitet. Sowohl in thematischer wie in formaler Hinsicht unterscheidet sich dieser Roman fundamental von der Romantradition des 18. und 19. Jahrhunderts. Zunächst soll auf die wesentlichen thematischen Aspekte des Romans eingegangen werden.

Bruch mit der Romantradition

Wie der Titel des Romans zeigt, rückt der Erzähler zunächst einmal die Stadt als „Helden" des Romans in den Vordergrund. In der Tat stellt der Leser bei der Lektüre des Romans fest, dass der Darstellung der Stadt eine sehr große Bedeutung eingeräumt wird. Seitenlange Beschreibungen der Stadt, die in keinem erkennbaren Zusammenhang mit der Handlung des Romans zu stehen scheinen, lösen die durch den Titel des Romans geweckte Erwartung ein. Gleichwohl – und dies signalisiert der Untertitel des Romans – wird eine Geschichte erzählt, in deren Mittelpunkt ein Romanheld steht. Zu diesen zwei thematischen Zentren des Romans, die Stadt und die Geschichte des Franz Biberkopf, gesellen sich zahlreiche Parallelgeschichten, Paraphrasen biblischer Geschichten, Zeitungsmeldungen usw., die die Handlung des Romans auf einen umfassenderen Sinnhorizont hin öffnen und deren Funktion für den Sinngehalt des Romans genauer untersucht werden muss. Döblin hat an verschiedenen Stellen darauf hingewiesen, dass seine literarischen Werke in einem engen Zusammenhang mit seinen philosophischen Reflexionen stehen. Auf den philosophischen Hintergrund des Werkes wird abschließend im Zusammenhang mit dem Schluss des Romans, der zahlreiche, sich teilweise widersprechende Deutungen erfahren hat, einzugehen sein.

Die Stadt und Franz Biberkopf als thematische Zentren

Franz Biberkopf

Unterschied zu traditionellen Romanhelden

Kurze Angaben über Franz Biberkopfs Lebenslauf

Franz Biberkopf, der Held des Romans, unterscheidet sich fundamental von den Helden, die die Romane des 19. Jahrhunderts bevölkern. Er ist ein ehemaliger Strafgefangener, der seine Freundin, deren Zuhälter er zugleich war, in einem Eifersuchtsanfall erschlagen hat. Über sein bisheriges Leben erfährt der Leser im übrigen wenig. Wir wissen, dass er die Erfahrung des 1. Weltkriegs mitgemacht hat und dass er Transportarbeiter gewesen ist. Über seine Herkunft macht der Erzähler keine Angaben – weder über seine Familie noch über das soziale Milieu, dem er entstammt, finden sich Informationen, sieht man von dem beiläufigen Hinweis ab, dass seine Familie eine „Schusterei" (9) besessen hat. Die Lebensgeschichte dieses Helden als Zusammenhang, als ein Entwicklungsprozess, scheint für den Erzähler keine Bedeutung zu haben. Sein Handeln wird nicht als Folge einer bestimmten Biographie angesehen mit ihren sozialen und familiären Voraussetzungen. Dies unterscheidet den Roman wesentlich von den Bildungs- und Gesellschaftsromanen, die den literarischen Kanon bis ins 20. Jahrhundert hinein konstituierten.

Unterschied zum Helden des Bildungsromans

Der Held des Bildungsromans bildet in einer spannungsreichen Auseinandersetzung mit der Gesellschaft und seinem Herkommen seine Anlagen und schließlich seine Persönlichkeit aus. Dabei spielt nicht zuletzt die Kunst als eine Möglichkeit der Selbstverwirklichung eine große Rolle. Wesentlich hängt der Erfolg dieses Bildungswegs von der Fähigkeit des Helden ab, seine Erfahrungen zu reflektieren und Lernprozesse durchzumachen.

Unterschied zum Gesellschaftsroman des 19. Jahrhunderts

Der Gesellschaftsroman des 19. Jahrhunderts entwirft meist ein Panorama der besseren Gesellschaft. Thema ist nicht selten der Zusammenprall von gesellschaftlichem Wertsystem und den Glücksansprüchen einzelner Mitglieder der Gesellschaft, ein Konflikt, der in der Vernichtung des Einzelnen ebenso enden kann wie in der

resignierenden, von allen persönlichen Ansprüchen absehenden Unterordnung unter gesellschaftliche Normen.
Franz Biberkopf eignet sich weder zum Helden des einen noch des anderen Romanmodells. Als ehemaliger Transportarbeiter, Zuhälter, Totschläger, Einbrecher weicht er entschieden von den bisherigen Helden der Romanliteratur ab. Zwar finden auch früher schon Mörder, Diebe, Halunken, Hehler und Huren ihren Platz in der Literatur. Sie erscheinen aber meist in einer romantisierenden und exotischen Perspektive, oder sie sind in ihrer Verbrecher- und Außenseiterrolle Repräsentanten eines bestimmten Prinzips oder Typs: des schlechthin Bösen und Teuflischen, des Mörders aus enttäuschtem Gerechtigkeitsempfinden, die Hure als Heilige, der Mörder als Philosoph oder Künstler. Der Weg der Helden ins Verbrechen erscheint in diesen Romanen soziologisch und psychologisch, manchmal sogar philosophisch motiviert.

Differenz zu Helden der Romanliteratur

Franz Biberkopf, die „Kobraschlange"

Von all dem ist bei Franz Biberkopf nicht viel zu bemerken. Er besitzt nichts Dämonisches, nichts Abgründiges. Er ist ein triebhaft-impulsiver Mensch, wenig intelligent, in der Beurteilung von Menschen und sozialen Situationen scheint er eher naiv und unbedarft zu sein. Über seine äußere Erscheinung erfährt der Leser wenig. Leitmotivisch ist davon die Rede, dass er stark wie eine Kobraschlange sei, im übrigen bezeichnet der Erzähler ihn als einen „groben, ungeschlachten Mann von abstoßendem Äußern" (36), sein Gesicht ist vom übermäßigen Alkoholgenuss verwüstet (vgl. 140, 258).
Sein Selbstbewusstsein beruht auf dem Vertrauen in seine körperliche Vitalität, sowohl in seinem Konkurrenzverhältnis zu anderen Männern als auch im Hinblick auf seine sexuelle Potenz. Bezeichnenderweise findet er sein inneres Gleichgewicht nach der Entlassung aus dem Gefängnis erst wieder, nachdem er Minna vergewaltigt und sich

Franz Biberkopfs Vitalität

seiner Potenz vergewissert hat. Dass er Minna gleichsam als Dank „zwei große Scheiben Kalbsfilet" (34) bringen lässt, hat durchaus symbolische Bedeutung: das Opfer wird entschädigt mit Fleisch, dessen Verzehr er seine zurückgewonnene Kraft zu verdanken hat. Um nämlich in Krisen sein Gleichgewicht wiederherzustellen, pflegt er unmäßig zu „fressen". Als Beispiel sei gleich das erste Buch genannt. Da heißt es, nachdem er sich bei seinem Besuch der beiden Huren als impotent erwiesen hat: „Jetzt werde ich die ganzen Tage nichts tun als fressen und saufen und schlafen." (29) Und am Ende des ersten Buchs erfährt der Leser: „Dann hat er sich vier Wochen lang den Bauch mit Fleisch, Kartoffeln und Bier vollgeschlagen" (35). Franz Biberkopfs Selbstbewusstsein steht in einem unmittelbaren Zusammenhang mit seiner körperlichen Verfassung. Deutlich wird dies etwa, wenn es heißt: „Franz ... strahlt, es ist alles gut, er ist satt ... er fühlt sein volles Gesicht, er ist ein kräftiger Mann, gut im Fleisch mit Fettansatz."(78) Als er voller Selbstzufriedenheit Meck über seine Erziehungserfolge bei Reinhold berichtet, „sitzt Franz da dick vor seiner Molle, sitzt im Fett" (172), ohne sich darüber im Klaren zu sein, welche Reaktion er mit seiner Selbstgefälligkeit bei Reinhold auslöst. Auf der Verfolgungsjagd beobachtet dieser den triumphierenden Franz Biberkopf („Dieser Junge, denkt Reinhold, sitzt dick im Fett." [188]), er empfindet dessen gute Laune als Provokation und stößt ihn aus dem Auto.

„Fressen und saufen"

Trunksucht als Flucht aus der Wirklichkeit

Umgekehrt signalisiert der übermäßige Alkoholkonsum tiefe Krisen Franz Biberkopfs. Dies zeigt sich beispielsweise, nachdem Lüders ihn betrogen hat. Er zieht sich aus der Welt zurück und betrinkt sich bis zur Besinnungslosigkeit. Als er später unter seiner Invalidität und Nutzlosigkeit leidet und sein Freund Herbert ihn vom Trinken abhalten will, äußert er:

> „Warum nich saufen, Herbert ... Ick kann doch nischt, ick kann nischt, ick bin hundert Prozent Invalide." (259)

Triebhaftigkeit, Aggressivität und Unbeherrschtheit sind wesentliche Charaktereigenschaften Franz Biberkopfs. Als ihm beispielsweise Minnas Ehemann abweisend begegnet, hat er sofort den Impuls, ihm seine körperliche Überlegenheit zu demonstrieren: „Mal rasch den Kerl angefasst, mal an die Beene gepackt, mal gegen die Wand gefeuert." (142) Doch nicht immer bleibt es beim Impuls zur Gewalt, den er wie hier noch zu unterdrücken imstande ist, in der Auseinandersetzung mit Ida wird ihm und seiner Freundin seine brutale Unbeherrschtheit zum Verhängnis: er erschlägt sie in einem Ausbruch blinder Eifersucht. Dieses wiederholt sich beinahe, als Mieze ihm gesteht, sie habe sich in den Neffen ihres Gönners verliebt. Auch in dieser Situation verliert er völlig seine Selbstbeherrschung und schlägt zu. (300 ff.)

Triebhaftigkeit und Aggressivität

Franz Biberkopf, der Eroberer

Zu Beginn des Romans begegnet uns Franz Biberkopf als völlig verunsicherter Mensch. Er beneidet die Häftlinge, deren Leben in der Routine des Gefängnisalltags so etwas wie Sicherheit und Ordnung besitzt, und sehnt sich nach dem strengen Gefängnisreglement zurück. Im Gegensatz zu den Gefängnisinsassen fühlt er sich desorientiert, er kommt mit der Freiheit nicht zurecht. Dass er in dieser Situation auf Hinterhöfe läuft und laut „Die Wacht am Rhein", ein nationalistisches Kampflied, singt, zeigt, mit welchen Mitteln er versucht, seiner Verunsicherung zu begegnen. Mit dem Kampfgesang suggeriert er sich selber Stärke, und reiht sich ein in eine imaginäre Kampfformation, die ihn seine Schwäche vergessen lässt. Die Wiederholung dieses und ähnlicher patriotischer und kriegerischer Lieder im Laufe des Romans verweist auf Franz Biberkopfs Gefühl, das Leben sei ein Krieg, in dem er sich als Mann bewähren muss. Der Erzähler lässt Franz Biberkopf die Stadt erobern, ein Motiv, das schon zu Beginn des Romans anklingt, wenn der Jude Franz die Geschichte von Zannowich erzählt, der die Welt erobert und am Ende

Das Leben als Krieg

Eroberungsmotiv

**Schlachten-
gesänge**

scheitert. Auch das Zitat aus dem Propheten Jeremia: „Wir wollen Babylon heilen, aber es ließ sich nicht heilen" (14) ist ein versteckter Hinweis auf das Eroberungsmotiv, das den Roman durchzieht. Häufig lässt der Erzähler Franz Biberkopf in die Stadt marschieren. In Situationen, in denen er sich von seiner Schwäche erholt zu haben glaubt (32, 35), geht ihm ebenso Schlachtengesang durch den Kopf wie in Situationen, in denen er anderen seine Stärke beweisen will (218, 262). Eng mit diesem Motiv zusammen hängen Franz Biberkopfs aggressive Phantasien, mit denen er Augenblicken der Verunsicherung und Schwäche begegnet. Gleich zu Beginn des Romans heißt es:

> „Hundert blanke Scheiben, laß die doch blitzern, die werden dir doch nicht bange machen, kannst sie ja kaputt schlagen." (9)

Und als er fürs erste gestärkt die Wohnung der Juden verläßt, murmelt er vor sich hin: „Wer ankommt, kriegt eins in die Fresse." (23) Der Gedanke, dass dieses aggressive Verhältnis zur Welt fehlerhaft sein könnte, kommt ihm zum ersten Mal nach seinem für ihn so demütigenden Besuch bei Reinhold (262 ff.):

> „Und das ist Quatsch, wenn die Soldaten durch die Stadt spazieren, Quatsch is es, Verbohrtheit, und da muss ich raus, ich muss was anderes machen." (267)

Doch zunächst ist noch die Scham über die erlittene Niederlage größer als die Einsicht in sein fehlerhaftes Verhalten. Er sucht erneut den Kontakt zu Reinhold und drängt sich als Mitglied der Pumsbande auf. Als er Reinhold das nächste Mal besucht, heißt es:

> „Franz Biberkopf freut sich über sich selbst, wie er da hat sitzen können, ohne Zittern und ganz ruhig und festlich freudig wie neugeboren. Und wie er mit Reinhold runtergeht, findet er es wieder: Wenn die Soldaten durch die Stadt marschieren, rechts, links, es ist schön, zu leben, das sind alles meine Freunde, was hier geht, hier schmeißt mich keiner hin, das soll einer versuchen." (268 f.)

Nachdem Reinhold Mieze ermordet und Franz Biberkopf ihn vergeblich gesucht hat, wird das Schlachtmotiv noch einmal zitiert. Franz Biberkopf zieht ein letztes Mal in den Krieg, jetzt aber nicht, um in selbstbewusster Manier die Stadt zu erobern, sondern um sich selber zu vernichten:

> „Weil ich aber Reinhold nicht kann töten, bring ich mich selber um. Ich fahr in die Hölle mit Pauken und Trompeten." (358)

Erst die Begegnung mit dem Tod am Ende des Romans verhilft ihm zur Einsicht, dass die Auffassung, das Leben sei ein Krieg, in dem man seine Stärke und Kraft unter Beweis stellen muss, grundfalsch gewesen ist. Als er in seinem Todeskampf Reinhold begegnet, sagt er sich:

Begegnung mit dem Tod führt zur Einsicht

> „Ich hätte nicht kämpfen sollen ... Ich hätte keine Kraft haben müssen." (396)

Als er als neuer Mensch schließlich die Irrenanstalt verlässt, marschiert oder rennt er nicht mehr durch die Stadt, sondern – zweimal wird dies betont – „geht jetzt langsam". (404) Am Ende des Romans wird noch einmal eines jener patriotischen Lieder, die Franz Biberkopf zu Beginn gesungen hat, zitiert, doch sofort in seinem ideologischen Charakter in Frage gestellt.

> „Lieb Vaterland, <u>kannst</u> ruhig sein, ich hab die Augen auf und fall so bald nicht rein." (410; Hervorhebung: T. S.)

Marschierende Truppen betrachtet er jetzt nur aus einer großen Distanz:

> „Sie marschieren oft mit Fahnen und Musik und Gesang an seinem Fenster vorbei, Biberkopf sieht kühl zu seiner Türe raus und bleibt noch lange ruhig zu Haus ... Wenn ich marschieren soll, muss ich das nachher mit dem Kopf bezahlen, was andere sich ausgedacht haben." (410)

Franz Biberkopf, „von Profession Großschnauze"

Renommiersucht als Ursache für die drei Schläge

Eine wesentliche Ursache für Franz Biberkopfs Scheitern ist seine unbändige Renommiersucht, die am Ende des ersten Buchs deutlich wird.

> „Dann aber ging ihm das Geld aus, welchen Augenblick er nur erwartet hatte, um einmal allen zu zeigen, was ein Kerl ist." (36)

Alle drei Schläge, die er erleidet, hängen mit dieser Renommiersucht zusammen. Zunächst gibt er Lüders gegenüber mit seinen Erfolgen bei der Witwe an, mit dem Resultat, dass sich Lüders zu ihr begibt, um sie auszurauben. Auch den Hass Reinholds zieht er durch sein Renommierverhalten auf sich. Er prahlt mit seinen Erziehungserfolgen bei Reinhold, dem er den ständigen Wechsel seiner Freundinnen ausgeredet hat. Reinhold rächt sich an Franz Biberkopf, indem er ihn während der Verfolgungsjagd aus dem Auto stößt. Den verhängnisvollsten Fehler begeht Franz Biberkopf, als er Reinhold vorführen will, wie sehr Mieze ihn liebt. Dass ausgerechnet in dieser Situation Mieze ihm gesteht, sie sei in einen anderen verliebt, und er sie in einem Tobsuchtsanfall verprügelt, ist für ihn eine schwere Demütigung. Schlimmer noch ist, dass er Reinhold mit seinem Verhalten herausfordert:

> „Er (Reinhold) möcht was mit Franz anfangen. Jetzt geht das Kamel wieder rum und strahlt und protzt mit seine Braut; als wenn da was bei ist. Vielleicht nehm ich ihm die doch weg." (305)

Erneut ist es die Begegnung mit Reinhold in seinem Todeskampf, die ihn zur Einsicht bringt, dass seine Prahlsucht katastrophale Konsequenzen gehabt hat:

> „‚Und wer hat mir das Mädel gezeigt, und wer hat sich aus dem Mädel nischt gemacht, und ich muss mir unter die Bettdecke legen, du Großschnauze, wer war denn das? ... Wat sagt nu der Herr Franz Biberkopf, von Profession Großschnauze?'" (395)

Als Franz Biberkopf sich von seinem Schock nach Lüders Betrug erholt hat, geht er zu Minna, trifft dort aber nur deren Mann Karl an. Als der ihn zurückweist, kann er diese Demütigung ertragen in dem Bewusstsein, Karl zum Hahnrei gemacht zu haben: „Und du Schweinekerl bist das dämlichste Luder der Welt." (142) (Warum bei Franz Biberkopfs Gang zu Minnas Haus einige Tage zuvor scheinbar völlig unvermittelt Menelaos, der betrogene Ehemann Helenas, erwähnt wird, wird auf diesem Hintergrund klarer: auch Menelaos, der Mann von Helena, ist zum Hahnrei gemacht worden.) Interessant ist nun, wie Franz Biberkopf viel später im Roman darauf reagiert, dass er Reinhold, an dem er sich rächen will, nicht findet:

> „Ick kann nischt machen, und ick muss es aushalten , der kann mir kaputt machen, das Mädel hat er abgemurkst, und ick steh da wie ein Hahnepampen. Son Unrecht. Son Unrecht." (355)

Noch in diesem Augenblick steht für Franz Biberkopf die verletzte Mannesehre im Vordergrund, als ob ihn dies tiefer treffe als der Tod Miezes.

Franz Biberkopfs Blindheit

„Du bist aber reichlich ein bißchen naiv, Franz."(164) Seine Freundin Cilly ist nicht die einzige, die dies erkennt. Eva bezeichnet ihn als ein „gutmütiges Schaf" (249). Die völlige Fehleinschätzung anderer Menschen, aber auch seiner eigenen Situation, begegnet dem Leser im Roman ständig. Auch dieses Motiv klingt sehr früh im Roman an und wird erst klar auf dem Hintergrund der ganzen Geschichte Franz Biberkopfs. Einer der beiden Juden, denen er am Anfang des Romans begegnet, erzählt ihm die Geschichte von dem Ball, dessen Flugbahn ganz anders verläuft als erwartet, und erklärt Franz gleich darauf den Sinn der Geschichte: so wie sich die Flugbahn des Balles nicht sicher berechnen lässt, so ist auch das Leben des Menschen unverfügbar, und es ist Vorsicht geboten. Franz Biberkopfs Reaktion zeugt von seiner großspurigen und dümmlichen Selbstsicherheit: „Mein Ball fliegt gut, Sie! Mir kann keener!" (36) Für die

Franz Biberkopfs Naivität

Dümmliche Selbstsicherheit und Blindheit

Blindheit, von der diese Äußerung zeugt, gibt es zahlreiche Beispiele. Nur einige wenige seien genannt. Kurz bevor es zu jenem Diebeszug kommt, bei dem ihn Reinhold aus dem Auto stößt, brüstet er sich mit seinem Weitblick: „Franz ist noch immer Menschenfreund. Der weiß, wo der Weg lang geht." (174) Auch von Reinholds ironisch-drohender Antwort lässt er sich nicht irritieren: „So, das weißt du." (174) Als er sich wenig später von Pums, all sein Misstrauen vergessend, dazu überreden lässt, beim Transport von „Ware" mitzuhelfen, ist das für ihn „ein glücklicher Sonntag" (183). Doch dann muss er feststellen, dass er bei einem Einbruch mitmacht, und schließlich kostet ihn diese Unternehmung den rechten Arm.

Diese Erfahrung hindert ihn nicht daran, später erneut um die Freundschaft Reinholds zu werben. Die Erzählung von der Demütigung, die er erfährt, als er Reinhold Mieze vorführen will, wird verschachtelt mit der Erzählung von dem entlaufenen Häftling Bornemann, der sich in absoluter Sicherheit wähnt und durch einen dummen Zufall der Polizei in die Hände fällt. Diese Geschichte verweist zurück auf die Ball-Parabel und fungiert zugleich als Kommentar zu Franz Biberkopfs Verhalten, der ähnlich wie Bornemann davon ausgeht, die Situation zu beherrschen, und am Ende scheitert. Seine selbstsichere Reaktion auf die Warnung des Juden erweist sich als Verblendung.

Fehleinschätzung Reinholds

Noch nach dem Mord an Mieze offenbart sich die ganze Blindheit Franz Biberkopfs, wenn er über Reinhold äußert: „‚Der ist gut.'" Die Antwort des Klempners Karl führt das Motiv der Blindheit fort: „Du bist ein Ochse, du weeßt ja gar nischt von der Welt, du hast ja keene Oogen." (333)

Erst am Ende des Romans gehen Franz Biberkopf die Augen auf. Sein Weg wird als „Enthüllungsprozess" (409) bezeichnet. Auf diesem Weg „klemmte er die Augen zu", doch „wie er hinfiel, machte er die Augen auf" (409). Und am Schluss des Romans wird seine mühsam errungene Einsicht auf den Begriff gebracht: „Wach sein, Augen auf." (410)

„Anständig bleiben und for sich bleiben" – Franz Biberkopfs „Lebensphilosophie"

Franz Biberkopf verlässt mit dem festen Vorsatz das Gefängnis, von nun an anständig zu bleiben. Doch mit diesem abstrakten Vorsatz ist er zum Scheitern verurteilt. Gleich am Ende des ersten Buchs erscheint sein Vorsatz in einem fragwürdigen Licht. Indem er trotz schwieriger wirtschaftlicher Voraussetzungen anständig bleibt, will er aller Welt zeigen, was er für ein „Kerl" ist. Anständig-Sein gewinnt bei ihm aber nie eine positive Bedeutung, es heißt viel mehr, sich aller Handlungen zu enthalten, die ihn mit dem Gesetz in Konflikt bringen könnten. Bezeichnenderweise sagt er Meck, als er ihm von seinem guten Vorsatz berichtet: „Anständig bleiben und for sich bleiben."(53) Und kurz zuvor äußert er seine Lebensmaxime: „Verflucht, laß dich nicht mit die Menschen ein, geh deiner eigenen Wege, Hände weg von die Menschen."(53) Gerade indem er sich weigert, in Solidarität mit anderen, in einem vertrauensvollen Verhältnis mit anderen Menschen dem Begriff Anständig-Sein eine positive Perspektive, einen Inhalt zu geben, scheitert er. Ausdrücklich betont er beispielsweise, als er eine Protestveranstaltung besucht, auf der es um die Diskriminierung von Homosexuellen geht: „Leid können einem ja die Jungs tun, aber eigentlich gehn sie mir nichts an." (61) Noch deutlicher wird seine Haltung, wenn es heißt: „Nee, er will Frieden, sie sollen ihm gestohlen bleiben."(62) Mit der entschiedenen Ablehnung gesellschaftlicher Solidarität geht Franz Biberkopfs politische Orientierungslosigkeit einher. Zunächst verkauft er völkische Zeitungen, er sympathisiert mit den Rechtsradikalen, weil sie für Ordnung sorgen. „Denn Ordnung muss im Paradiese sein." (69) Nach dem Inhalt dieser Ordnung fragt er ebensowenig wie nach dem Inhalt des Anständig-Seins. Der Ruf nach Friede, Ruhe und Ordnung wiederholt sich mehrere Male im Streit mit den Kommunisten, die ihn provozieren (vgl. 75 ff.). Entgegen seinem Vorsatz, vorsichtig zu sein und für sich zu bleiben, vertraut er sich Personen an, die ihn betrü-

Anständig-Sein als abstrakter Vorsatz

Mangelnde Solidarität

Politische Naivität

Mangelhafte Menschenkenntnis

gen und ins Verbrechen hineinzuziehen, allen voran Lüders, Pums und vor allem Reinhold. Nach seiner ersten Enttäuschung durch Lüders zieht er sich beleidigt zurück.

> „Er wollte anständig sein, aber da sind Schufte und Strolche und Lumpen, darum will Franz Biberkopf nichts mehr sehen und hören von der Welt, und wenn er Penner wird, er versauft den letzten Heller von seinem Geld." (129)

Franz Biberkopf in der Opferrolle

Anstatt über die Fehlerhaftigkeit seines eigenen Verhaltens nachzudenken oder zumindest Lüders zur Rede zu stellen, gefällt er sich in der Rolle des Opfers, dem es verwehrt ist, seine guten Vorsätze in die Tat umzusetzen. Die Idee, dass er sich jener Witwe gegenüber, die sich mit ihm eingelassen hat, niederträchtig verhält und sie zum Opfer macht, indem er ihre Adresse ausplaudert, kommt ihm nicht in den Sinn.

Wie fragwürdig und letztlich leer der Begriff „anständig" ist, erweist sich, nachdem Franz sich von seiner Armamputation erholt und darauf verzichtet hat, die Pumsbande anzuzeigen. Diese sammelt für ihn Geld, „weil er sich doch schließlich anständig gezeigt hat" (206; Hervorhebung: T. S.). Anständig handeln heißt hier, nach den Regeln der Ganovenethik zu handeln.

Ironisierung des Begriffs „anständig"

Abschied vom guten Vorsatz

Als sich Franz Biberkopf nun erneut aufmacht, Berlin zu erobern, hat er seine guten Vorsätze über Bord geworfen. Seiner neuen Bekannten Emmi demonstriert er, dass die Welt auf Betrug aufgebaut ist und dass man es mit Ehrlichkeit zu nichts bringt. „Was rasch Geld bringt, will er. Arbeiten, Quatsch." (226) Er wird zum Hehler. Sein Vorsatz, anständig zu bleiben, ist für ihn nicht mehr als ein „Zuchthausknall" (226). Er ist von Willi, dem ehemaligen Fürsorgezögling, fasziniert, der nach den Maximen eines Anarchismus lebt, in dem der Einzelne sich absolut setzt und in dem kein Platz für gesellschaftliche Solidarität ist. Bezeichnenderweise ist Franz ein völlig unpolitischer Mensch. Als ihm der Tischler Ede klar macht, dass es keiner ideologischen Schulung und keiner Parteien be-

darf, um die Herrschaftsverhältnisse in der Gesellschaft zu begreifen, und dass da nur die individuelle Revolte hilft („Ja, sollen die andern vor mir arm sein. Ick hab nu eben keine Lust dazu." (253)), verabschiedet sich Franz endgültig auch von der Politik: „Was mach ich mit Politik, mit dem ganzen Mist. Hilft mir nichts. Hilft mir nichts." (253)
Wollte er zu Beginn des Romans der Welt zeigen, was für ein Kerl er ist, indem er trotz schwieriger Bedingungen anständig bleibt, vergewissert er sich später seiner Stärke, indem er sich der Pumsbande anschließt und ganz bewusst eine kriminelle Karriere anstrebt. Seinen „Eid hat man ihn nicht halten lassen". (270; Hervorhebung: T.S.) Das Selbstbewusstsein, das er zunächst zur Schau stellt, steht in einem eigentümlichen Kontrast zu dem Zwang, dem er unterworfen zu sein scheint, wenn er sich auf seine kriminellen Abenteuer einlässt. Zweimal heißt es, in der Formulierung nur leicht variiert: „Er wird in Verbrechen hineingerissen, er will nicht, er wehrt sich, es geht über ihn, er muss müssen." (281, vgl. auch 144) Dieses Zitat enthält eine versteckte Anspielung auf Lessings „Nathan den Weisen", wo Nathan seinem Gesprächspartner vorhält: „Kein Mensch muss müssen." Indem der Erzähler diesen Satz zumindest im Hinblick auf Franz in sein Gegenteil verkehrt, macht er deutlich, dass sein Held nichts mit der idealistischen Konzeption des autonomen, sittlich handelnden Menschen zu tun hat, der keinen Zwängen unterworfen ist, sondern ein von dumpfen Impulsen getriebener Mensch ist, der – so würde es der Psychoanalytiker Sigmund Freud ausdrücken – nicht mehr „Herr im eigenen Haus" ist.

Kriminelle Karriere als dunkler Zwang

Am Ende des Romans begreift Franz Biberkopf, dass seine individualistische Grundposition – „anständig bleiben und for sich bleiben" – falsch gewesen ist. Jetzt lautet seine neu gewonnene Einsicht:

> „Viel Unglück kommt davon, wenn man allein geht. Wenn mehrere sind, ist es schon anders. Man muss sich gewöhnen, auf andere zu hören, denn was andere sagen, geht mich auch an." (409)

Bekenntnis zur Solidarität

Damit ist nicht die blinde Gefolgschaft gemeint, sondern die Fähigkeit, sich auf andere Menschen einzulassen, in eine vernünftige Kommunikation zu treten und Solidarität zu beweisen.

Franz Biberkopf und die Frauen

Frauen als Mittel der Selbstbestätigung

Franz Biberkopfs Egozentrik erweist sich auch in seinem Verhältnis zu Frauen, die über den gesamten Roman hinweg sowohl in den Phasen seiner Erholung als auch im Zusammenhang mit seinen Zusammenbrüchen eine wichtige Rolle spielen. Seine Vitalität und Männlichkeit scheint auf Frauen durchaus zu wirken, umgekehrt sind Frauen für ihn vor allem Mittel der Selbstbestätigung. In Augenblicken, in denen sie sein männliches Selbstbewusstsein in Frage stellen, verliert er die Selbstbeherrschung und reagiert mit brutaler Gewalt. Diese Unbeherrschtheit bringt ihn für vier Jahre ins Gefängnis, nachdem er Ida aus Eifersucht erschlagen hat. Wir haben gesehen, dass die Vergewaltigung Minnas ihm seine verloren gegangene Sicherheit zurückverleiht. Sein Verhältnis zu Frauen ist zwar freundlich-jovial, vor allem aber von einem besitzergreifenden Triebbedürfnis geprägt. Zu einer wirklich liebevollen und fürsorglichen Hingabe scheint er kaum fähig zu sein. Dies wird in einer ironischen Äußerung des Erzählers deutlich:

> „Im Lokal sank sie (Lina) ihm stehenden Fußes an die Körpergegend, die sie für sein Herz hielt, die aber unterhalb seines Wollhemdes genauer sein Brustbein und der Oberlappen der linken Lunge war." (65)

Dem Erzähler geht es hier nicht darum, Linas anatomische Unkenntnisse zu demonstrieren, sondern ihre Illusionen im Hinblick auf Franz Biberkopfs Gefühlswelt zu verdeutlichen. Als sie ihm den – sicher kitschigen – Traktat „Es geht sich besser zu zweien" vorliest, denkt er an die nächste Kneipe. Lina hofft auf eine Verlobung, doch er nutzt die nächste Gelegenheit zu einem Schäferstündchen mit einer Witwe, mit dem er anschließend renommieren kann. Auch hier ist also die Frau Mittel zur Selbstbestätigung. Als diese Witwe ihn nach der Erfahrung mit Lüders nicht in ihre Wohnung lässt, möchte er gleich zuschlagen:

Egozentrik und Gewaltbereitschaft

> „Mensch, Luder, wenn du wüßtest, wer ich bin, wat eine schon mal gespürt hat von mir, dann würdest du nicht ... Man sollte ein Beil nehmen und die Tür einhacken." (96)

Zu einem erneuten Ausbruch seiner unberrschten Gewalt kommt es, als Mieze ihm ihr Geständnis macht. Er verhält sich nach demselben Muster wie schon in der Auseinandersetzung mit Ida. (vgl. 301) Als Mieze verschwunden ist und auch nach Wochen nicht wieder aufgetaucht ist, reagiert Franz Biberkopf fast gleichgültig-gelassen, so dass Eva ihm vorwirft: „Dass du gar nicht betrübt ist, keene Träne." (326)

Kurz bevor er erfährt, dass Mieze ermordet worden ist, spricht die Stimme, die er erst am Ende als die des Todes erkennen wird, zu ihm und macht ihn auf seine grundlegende Schwäche aufmerksam, die gerade auch in seinem Verhältnis zu Frauen deutlich wird: „Du liebst dich." (342) Man könnte ergänzen – „und sonst niemanden".

Unfähigkeit zur Liebe

Frauen spielen in Franz Biberkopfs Leben freilich nicht nur die Rolle der Liebhaberinnen, sie sind zugleich Beschützerinnen, die ihn bemuttern und versorgen. Dazu gehört ganz sicher auch, dass seine beiden Geliebten Ida und Mieze auf den Strich gehen. Als Franz Biberkopf zweimal spurlos verschwindet, machen sich Lina und Cilly sorgenvoll auf die Suche. Eva bemuttert ihn sowohl nach dem Unfall als auch nach dem Verschwinden von Mieze, die sie ihm im übrigen auch als Freundin besorgt hat. Am deutlichsten aber wird die Mutterrolle bei Mieze, die schließlich ihre Fürsorglichkeit mit dem Tode bezahlen wird. Sie war „von inniger unauslöschlicher Liebe zu ihm, der ihr Mann war und den sie betreute wie ein Kind ... Sie fuhr nach Freienwalde, um ihren Freund zu schützen, dabei wurde sie erwürgt, erwürgt, war hin, erledigt" (340 f.). Die Frauengestalten des Romans, auch Mieze, erhalten ihre Funktion im Wesentlichen in Bezug auf

Frauen als Beschützerinnen

Frauen als Kontrastfiguren

Franz Biberkopf. Sie dienen einerseits als Mittel der Selbstbestätigung, zum anderen bilden sie einen Kontrast zur Egozentrik Franz Biberkopfs. Wie wenig Frauen in ihrer Individualität und Personalität in Frage kommen, machen Redeweisen wie die von Frauen als „anständiges Stück Weib" (166) deutlich. Vor allem Mieze zeigt sich zu jener Liebe und Fürsorge fähig, die Franz Biberkopf völlig abgeht.

Franz Biberkopf und Reinhold

Reinholds Anziehungskraft

Zwei Menschen, so heißt es gegen Endes des sechsten Buches, liebt Franz Biberkopf: Mieze und Reinhold. Dies mag zunächst überraschend erscheinen. Zu dem Zeitpunkt, wo er sich dies sagt, hat er schon die übelsten Erfahrungen mit Reinhold gemacht. Ihm hat er den Verlust seines Arms zu verdanken, und gerade erst an diesem Tag hat ihn Reinhold zutiefst gedemütigt. Wie ist diese Anziehungskraft, die Reinhold vom ersten Augenblick an auf Franz Biberkopf ausübt, zu erklären?

Reinhold aus Franz Biberkopfs Perspektive

Von keiner Figur des Romans bekommt der Leser eine so ausführliche Beschreibung wie von Reinhold, und zwar aus der Perspektive Franz Biberkopfs. Er ist ein Bild des Jammers: er ist ärmlich gekleidet, sein ungesund gelbliches Gesicht ist von Falten durchzogen, sein Gesichtsausdruck ist traurig, er besitzt eine hagere Gestalt, einen schlurfenden Gang und ist, wie sich später herausstellt, ein Stotterer. Franz Biberkopf fragt sich, ob Reinhold an Schwindsucht leidet. Dazu passt, dass er nur Kaffee und Zitronenlimonade trinkt. Es ist offensichtlich, dass Reinhold schon in seiner äußeren Gestalt das Gegenteil zum dicken, jovialen Biertrinker Franz Biberkopf darstellt. Reinhold erzählt ihm von seinen Problemen mit Frauen: er hält es mit keiner länger als vier Wochen aus, tut sich aber furchtbar schwer damit, sich von ihnen zu trennen. Franz erklärt sich dazu bereit, Reinholds Freundinnen zu übernehmen. Eines Tages, in einem Augenblick der Schwäche, nimmt Reinhold Franz mit zur Heilsarmee und gesteht ihm, dass er dort schon

Reinhold im Kontrast zu Franz Biberkopf

des öfteren Hilfe und Beistand gesucht habe, ja sogar zum Beten habe er sich herbeigelassen.
Franz Biberkopf fasst nun den Entschluss, Reinhold zu einem monogamen Menschen zu erziehen, und scheint damit auch Erfolg zu haben. Seine Renommiersucht kann er aber nicht unterdrücken, und er gibt in Anwesenheit von Reinhold mit seinen Erziehungserfolgen an. Trotz seines Überlegenheitsgefühls spürt er, dass es mit Reinhold seine besondere Bewandtnis hat, dass hinter dem elenden Äußeren sich noch etwas anderes, Gefährliches verbirgt. Deutlich wird dies, wenn Franz eines Nachts davon träumt, dass Reinhold ihn hasst, über Reinhold aber erfährt der Leser, dass er „im Traum mordet" (167). Wie an anderen Stellen des Romans, ist Franz Biberkopf im Schlaf zu Einsichten fähig, die er dann wieder vergisst.

Als es dann eines Nachts zum gemeinsamen Raubzug kommt, lernt er Reinhold von einer ganz anderen Seite kennen. Jetzt ist er energisch, zupackend, von Stottern keine Spur mehr. Jetzt erweist Franz sich als der Schwächere: gegen seinen Willen muss er bei dem Einbruch Schmiere stehen, Reinhold packt ihn mit seiner „eisernen Klaue", versetzt ihm einen Hieb auf seinen rechten Arm, „presst Franz hart neben sich" (188). Dergestalt gedemütigt, zeigt er Freude, als ein Auto sie verfolgt. Reinholds ganzer Hass auf Franz Biberkopf entlädt sich nun, er erinnert sich daran, dass er einmal ihm gegenüber seine Schwäche offenbart hat, und er stößt ihn aus dem Auto.

Reinholds kriminelle Energie

Wie lässt sich nun erklären, dass Franz Biberkopf nach dieser Erfahrung erneut die Freundschaft Reinholds sucht? Zunächst ist der Kontext, in dem die Wiederbegegnung mit Reinhold stattfindet, zu beachten. Franz Biberkopf leidet unter seiner Invalidität, sein Selbstwertgefühl als Mann, das ja gerade über seine körperliche Vitalität vermittelt ist, ist schwer beeinträchtigt. „‚Ick bin zu nischt gut ... ick bin ein Krüppel'" (260), äußert er gegenüber Herbert, und kurz darauf sagt er sich voller Selbstmitleid: „Jetzt bin ich ein halber Mensch." (261) Um sich zu beweisen, dass er doch noch ein ganzer Mann ist, macht er sich auf den Weg zu Reinhold. Die erste Begegnung verläuft für Franz

Freundschaft mit Reinhold als Selbstbestätigung

Demütigung durch Reinhold

demütigend. Als er in Reinholds Wohnung marschiert, ist dieser zunächst alarmiert, stellt dann aber sehr schnell fest, dass Franz verunsichert und sich seiner Schwäche und Unterlegenheit bewusst ist. Konnte er früher dem Blick Reinholds standhalten (vgl. 174), starrt er jetzt auf „Reinholds Hände, der hat zwei Hände, zwei Arme, er hat bloß einen, mit den zwei Händen hat ihn Reinhold unter den Wagen geschmissen" (265). Reinhold weiß, wie er Franz Biberkopf demütigen kann. Er lässt sich den Armstumpf zeigen und „verzerrt das Gesicht: sieht eklig aus" (265). Und schließlich äußert er:

> „Ick kann Krüppel nich leiden, Krüppel is vor mir ein Mensch, der zu nischt taugt. Wenn ick nen Krüppel sehe, sag ich, denn mal lieber ganz weg damit." (266)

Diese Äußerungen stellen für Franz eine Kampfansage dar. Er schämt sich, er will kein Feigling sein, er „muss hin zu dem" (267). Und als es ihm beim zweiten Versuch gelingt, sein Zittern zu unterdrücken und Reinhold ruhig gegenüberzusitzen, heißt es:

> „Das ist der beste Tag, seit er unter den Wagen fiel, und das war das Beste, was er gemacht hat seit damals: hier zu sitzen, verflucht, das ist schön. Und das ist besser, als Versammlungen und beinah besser – besser als die Mieze. Ja, das ist das Schönste von allem: der schmeißt mir nich um." (268)

Kampf mit Reinhold

Der letzte Satz macht deutlich, was Franz zu Reinhold treibt: das Bedürfnis, sich in einem Kampf zu messen und in diesem Kampf zu bestehen. Dieser Kampf ist ihm letztendlich noch wichtiger als die Liebe Miezes. Die beiden Personen, die er liebt, repräsentieren zwei extrem entgegengesetzte Prinzipien: zum einen die Liebe, die Hingabe, die Opferbereitschaft, die Sanftheit, zum anderen den kalten Haß, die Gewaltbereitschaft, die Brutalität. Seine Bereitschaft, Reinhold Mieze vorzuführen, ist ein Teil seines Kampfes gegen Reinhold. Ihm, der unter seinem gestörten Verhältnis zu Frauen leidet, will er seine harmonische Liebesbeziehung mit einer Frau demonstrieren, die ganz für ihn da ist (vgl. 297). In doppelter Hinsicht endet dieses Unterneh-

Mieze und Reinhold als Repräsentanten entgegengesetzter Prinzipien

men in einer Niederlage – Mieze gesteht ihm just bei dieser Gelegenheit ihre Liebe zum Neffen ihres Gönners, und Reinhold will Franz seine Stärke zeigen, indem er ihm Mieze ausspannt. Als ihm dies nicht gelingt, tötet er sie. Auch was sein Verhältnis zu Reinhold betrifft, kommt Franz Biberkopf erst im Todeskampf zur Einsicht. Als Reinhold ihm begegnet, macht ihm dieser klar, welche Motive Franz dazu brachten, sich mit ihm, Reinhold, einzulassen und demonstriert ihm unbarmherzig seine Schwäche. Seine Rechtfertigungsversuche widerlegt er, eine „Großschnauze" sei er gewesen, die ihm seine Kraft habe beweisen wollen. Franz Biberkopf muss sich seine Niederlage im Kampf mit Reinhold eingestehen. Auf dessen Frage, wer gesiegt habe, bleibt ihm nur die Antwort:

Miezes Rolle im Kampf zwischen Franz und Reinhold

Eingeständnis der Niederlage

> „Ick hab nicht gesiegt, ick weeß es." (396)

Franz Biberkopfs Schuld

Unmittelbar bevor der alte Franz Biberkopf stirbt und als neuer Mensch die Irrenanstalt verlässt, kommt er zu der Einsicht:

Einsicht in die Schuld im Todeskampf

> „Ich bin schuldig, ich bin kein Mensch, ein Vieh, ein Untier." (399)

Erst im Todeskampf kommt er zur Einsicht in seine Lebensschuld. An dieser Stelle wird auch klar, was es heißt, wenn zu Beginn des Romans davon die Rede ist, dass erst in dem Augenblick, in dem er das Gefängnis verläßt, „die Strafe beginnt" (8). Offenbar kommt er aus dem Gefängnis, ohne zur Einsicht in seine Schuld gekommen zu sein. Der Aufenthalt im Gefängnis war insofern bequem, als sein Leben fremdgesteuert war, alles seine Ordnung hatte und er selbst keinerlei Verantwortung zu übernehmen hatte. Jetzt befindet er sich in der Situation, dass er eine neue Orientierung finden muss, dass er seinen Platz in der Gesellschaft finden muss. Und nun beginnt Franz Biberkopfs zweite Schuld, er setzt sein Leben dort fort, wo es vor seinem Gefängnisaufenthalt geendet hat. Die

Fehlendes Schuldbewusstsein zu Beginn des Romans	Schuld an seiner Misere gibt er Ida. Die Erinnerung ans Gefängnis, an die warnenden Worte der Juden ist ausgelöscht. Er begibt sich zu Idas Schwester, und indem er sie vergewaltigt, gewinnt er sein altes Selbstbewusstsein zurück. Unbeherrschte Gewalt hat ihn ins Gefängnis gebracht, und ein Akt der Gewalt ermöglicht ihm, das Gefängnistrauma zu überwinden.
Vergleich mit Orest	Seine Unbelehrbarkeit und sein gutes Gewissen werden vom Erzähler thematisiert, wenn er Franz Biberkopf mit Orestes, der seine Mutter ermordet hat, vergleicht. Während Orest von den Erinnyen in den Wahnsinn getrieben wird, heißt es von Franz Biberkopf, er habe „seine vier Jahre abgemacht", was so viel bedeutet, die Sache ist erledigt.

> „Der sie getötet hat, geht herum, lebt, blüht, säuft, frisst, versprizt seinen Samen, verbreitet weiter Leben." (88)

	Wo bei Orest die quälende Erinnerung an die Schuld ist, erscheint Franz Biberkopf in seiner triebhaften Vitalität, die keine Erinnerung und keine Reue kennt. Wenn er sich am Ende selber ein
Franz Biberkopfs verantwortungslose Triebhaftigkeit	„Vieh" nennt, dann bedeutet dies auch, dass er sein Leben in dumpfer und verantwortungsloser Triebhaftigkeit verbracht hat, in der die Reflexion auf das eigene Handeln keine Rolle spielt. Als ihn Minnas Mann Karl nicht in die Wohnung lässt, verteidigt sich Franz auf eine Weise, die zeigt, wie wenig er bereit ist, Verantwortung für sein Handeln zu übernehmen, indem er seine Tat bagatellisiert.

> „Ich hab die Ida nicht totgeschlagen. Kann jedem mal passieren, dass ihm die Hand ausrutscht, wenn er in Rasche ist." (141)

Bedeutung der Tiermetaphern	Bei genauer Lektüre fällt auf, wie häufig Franz Biberkopf als dickes Schwein, als Ochse, als Schaf bezeichnet wird. So wie die Tiere im Schlachthof blind auf die Schlachtbank getrieben werden, so erleidet er die Schläge, an denen er zugrunde zu gehen droht. Strafe ist also die Zeit nach der Entlassung aus dem Gefängnis, weil er erst nach drei Zusammenbrüchen eine Einsicht in die Verfehltheit seiner Existenz gewinnt und sich zu seiner Schuld bekennt.

Franz Biberkopf, der „Jedermann"

Zu Beginn des sechsten Buchs wendet sich der Erzähler wie so häufig im Roman an den Leser und teilt ihm mit, wie er den Helden seines Romans einschätzt: „Denn der Mann, von dem ich berichte, ist zwar kein gewöhnlicher Mann, aber doch insofern ein gewöhnlicher Mann, als wir ihn genau verstehen und manchmal sagen: wir könnten Schritt um Schritt dasselbe getan haben wie er und dasselbe erlebt haben wie er" (191). Der scheinbare Widerspruch – kein gewöhnlicher Mann und doch ein gewöhnlicher Mann – lässt sich relativ leicht auflösen. Was Franz Biberkopf im Laufe des Romans an Schicksalsschlägen zustößt, ist sicher außergewöhnlich und nicht unbedingt verallgemeinerbar. Auch sein sozialer Status als kleiner Krimineller und Zuhälter hebt ihn ab von den meisten, die den Roman lesen und an dieser Stelle vom Erzähler angesprochen werden. Zugleich aber ist er doch insofern ein gewöhnlicher Mensch, als dem Leser dasselbe zustoßen kann, was Franz Biberkopf zugestoßen ist. Franz ist kein Held, der für den Leser in irgendeiner Weise Vorbildfunktion besitzt und Orientierung bietet. Die Gemeinsamkeit zwischen dem Leser und Franz Biberkopf beschränkt sich auf das Elementarste, der Erzähler macht dies gleich zu Beginn des Romans in seiner moritatartigen Vorrede deutlich. Franz Biberkopfs Geschichte „zu betrachten und zu hören wird sich für viele lohnen, die wie Franz Biberkopf in einer Menschenhaut wohnen und denen es passiert wie diesem Franz Biberkopf, nämlich vom Leben mehr zu verlangen als das Butterbrot" (7). Wenngleich der Held des Romans keine Vorbildfunktion besitzt, so lässt sich doch aus seinem Leben etwas lernen. Der Erzähler spricht von seinem „schweren, wahren und aufhellenden Dasein" (37) und lässt den Leser teilhaben an der Enthüllung des Sinns, der trotz allem der Geschichte von Franz Biberkopf innewohnt.

Franz Biberkopf als Identifikationsfigur

Franz Biberkopf als Demonstrationsfigur

In seinem großen Essay „Der Bau des epischen Werks", der zur Zeit der Arbeit an „Berlin Alexanderplatz" entstanden ist, schreibt Alfred Döblin:

„Was nun irgendeinen erfundenen Vorgang, der die Form des Berichtes trägt, aus dem Bereich des bloß Ausgedachten und Hingeschriebenen in eine wahre Sphäre, in die des spezifisch epischen Berichtes hebt, das ist das *Exemplarische des Vorgangs und der Figuren,* die geschildert werden und von denen in der Berichtform mitgeteilt wird. Es sind da starke Grundsituationen, Elementarsituationen des menschlichen Daseins, die herausgearbeitet werden, es sind Elementarhaltungen des Menschen, die in dieser Sphäre erscheinen." (Alfred Döblin, Schriften zu Ästhetik, Poetik und Literatur. Olten und Freiburg i.B., 1989, S. 218)

Franz Biberkopf als exemplarische Figur

Dieses lange Zitat soll deutlich machen, dass es Döblin im Entwurf und in der Darstellung seines Helden um Überindividuelles geht, eben um das Aufzeigen des Exemplarischen. Wie durch die zahlreichen Parallelgeschichten der besondere Fall Franz Biberkopf im Allgemeinen aufgehoben wird, wird noch später (S. 92 f.) zur Sprache kommen. Zu einer exemplarischen Figur macht ihn aber trotz all seiner Primitivität letztlich doch seine Widersprüchlichkeit und Vielschichtigkeit. Franz Biberkopf hat etwas vom tragischen Helden, der, zumindest am Anfang um das Gute bemüht, blind ins Unglück taumelt. Er hat etwas vom Helden eines Schelmenromans, der mit Schlauheit, List und Skrupellosigkeit ums Überleben kämpft, mal obenauf ist und sich dann wieder ganz unten wiederfindet. Er ist Opfer und zugleich Täter. Er sehnt sich nach Ordnung, und zugleich verletzt er die Ordnung. Er ist um Anstand bemüht und wird doch zum Kriminellen. Er ist jovial, sentimental und zugleich brutal. Diese Widersprüchlichkeit und Komplexität macht ihn letztlich zum exemplarischen Helden.

Franz Biberkopfs Widersprüchlichkeit

Das Thema „Großstadt"

Begründung des Romantitels

Döblin wollte seinen Roman zunächst nur „Berlin Alexanderplatz" nennen und fügte erst auf den Wunsch seines Verlegers hin den Untertitel „Geschichte vom Franz Biberkopf" hinzu. Ihm kam es von vornherein darauf an, durch den Titel seines Romans zu zeigen, dass individuelle Einzelschicksale nicht im Vordergrund des Romans stehen, sondern in ihrer Abhängigkeit von der Großstadt gesehen werden müssen. Dies entspricht seiner wiederholt in romantheoretischen Essays geäußerten Ansicht, dass nicht mehr das klassische Individuum, der Einzelmensch, Thema des Romans sei, sondern das Kollektiv. GRUPPE TEAM

Das Thema „Großstadt" in der deutschen Literatur

„Berlin Alexanderplatz" gilt als der erste bedeutende Großstadtroman der deutschen Literatur im eigentlichen Sinne. Schon vorher gibt es Romane in der deutschen Literatur, die in der Großstadt spielen; die bekanntesten sind sicher Theodor Fontanes Berlin-Romane oder etwa Wilhelm Raabes „Chronik der Sperlinggasse". In all diesen Romanen aber begegnen wir der Großstadt nicht als Ort der Moderne, der als Bedrohung und Herausforderung in die Welt der Romanpersonen hineinragt, sondern idyllischen oder zumindest behaglichen Refugien am Rande der Großstadt oder dort, wo sich vormodernes Leben erhalten hat. Dies hatte verschiedene Gründe. Zum einen entwickelte sich Berlin als erste Stadt in Deutschland erst relativ spät zu einer modernen europäischen Metropole wie etwa Paris oder London. Zum anderen waren bestimmte Aspekte großstädtischer Realität für viele Autoren noch nicht literaturfähig, weil mit immer noch in der Tradition des Idealismus stehenden ästhetischen Normen nicht vereinbar. Nicht umsonst spricht man nicht nur von Deutschland als verspäteter Nation, sondern auch von einer Literatur, zumindest im Bereich der Epik, die hinter den anderen europäischen Literaturen herhinkte.
Erst im Naturalismus, und da insbesondere in der Lyrik, wird programmatisch die Großstadt zu einem dominierenden Thema. Jetzt wird die moderne

Die Großstadt bei Fontane und Raabe

Gründe für das Fehlen eines Großstadtromans in der deutschen Literatur

Die Großstadt als Thema in Naturalismus und Expressionismus

Industriestadt mit ihrem sozialen Elend, mit ihren Klassengegensätzen, ihren hässlichen Seiten, mit ihrem Verkehr und den Fabriken in der Literatur dargestellt. Freilich gelingt es den Naturalisten kaum, diese neue Realität auch mit neuen Methoden darzustellen, häufig wirken die naturalistischen Großstadtgedichte altbacken, unbeholfen, fast sentimental. Dies ändert sich erst mit der expressionistischen Großstadtlyrik, die jetzt radikal neue literarische Verfahren entwickelt, um der Erfahrung der modernen Großstadt Ausdruck zu verleihen. Im Expressionismus treten auch andere Themen, andere großstädtische Realitätsbereiche in den Vordergrund. Weniger das soziale Elend, das aus einer Mitleidsperspektive gesehen wird, spielt eine Rolle, jetzt geht es um die Orte, an denen sich eine großstädtische Bohème bewegt, Cafés, Bars, Varietés usw. Das Thema Großstadt hatte in der Literatur seinen Platz erobert.

Voraussetzungen für den Großstadtroman

Fassen wir die Voraussetzungen, unter denen ein Großstadtroman wie „Berlin Alexanderplatz" möglich war, kurz zusammen. Innerhalb weniger Jahre hatte sich Berlin zu einer der ersten europäischen Metropolen entwickelt. In der Literatur war die Großstadt mittlerweile in all ihren Aspekten zum Thema geworden, und es waren literarische Verfahren entwickelt worden, mit denen diese neue Erfahrung dargestellt werden konnte. Dazu gehörte eine kritische Absetzung von und Auseinandersetzung mit der Ästhetik und Romanpoetik des 19. Jahrhunderts. Dies kann man beispielhaft an den Aufsätzen von Alfred Döblin beobachten.

Döblin hatte sich die Aufgabe gestellt, das Thema Großstadt episch, d. h. in einer großen Erzählung, in einem Roman zu bewältigen. Wie er dies geleistet hat, wird nun im Einzelnen dargelegt.

Berlin aus der Perspektive Franz Biberkopfs

Die Angst Franz Biberkopfs vor der Stadt

Der Held des Romans und mit ihm der Leser wird sofort zu Beginn des Romans den verwirrenden Eindrücken der Großstadt ausgesetzt. Anders als in den realistischen Romanen des 19. Jahrhunderts, in denen langsam und behutsam dem Leser eine Orientierung geboten wird, wo sich die Romanhandlung abspielen wird, ein Haus, eine Straße zunächst im großstädtischen Zusammenhang situiert wird und damit ein stabiles Bezugssystem entsteht, begleitet der Leser eine Figur, die es verlernt hat, sich in der großstädtischen Realität zurechtzufinden. Einige Jahre Gefängnis liegen hinter Franz Biberkopf, die ihm in ihrer Regelmäßigkeit und ihrem immer gleichen Tagesablauf wie eine ländliche Idylle erscheinen. Freilich ist diese Art der Idylle schon dadurch entwertet, dass an die Stelle der friedlichen ländlichen Idylle hier das Gefängnis getreten ist, die Idylle damit eine Art Zwangscharakter besitzt. Die Scheu des Helden, sich in die Stadt zu begeben, macht deutlich, dass die Stadt für ihn eine Angst erweckende Herausforderung darstellt.

Nicht aus einer Überblicksperspektive werden die Stadt und der Weg Franz Biberkopfs in die Stadt dargestellt, sondern aus der Perspektive des Helden erleben wir die Stadt, der die Vielfalt der während der raschen Straßenbahnfahrt auf ihn einstürzenden akustischen und visuellen Eindrücke nicht verarbeiten und ordnen kann. Unterbrochen werden in der Erzählung diese unkoordiniert aufeinanderfolgenden Eindrücke durch den Versuch Franz Biberkopfs, sich angesichts der verwirrenden Großstadtrealität zu behaupten. Er versucht wieder ein Teil jener Gesellschaft zu werden, aus der er vier Jahre ausgeschlossen war, um seine Isolation und Fremdheit zu überwinden. „Man mischt sich unter die andern, da vergeht alles, dann merkst Du nichts, Kerl." (9) Doch er vermag kaum zwischen Schaufensterpuppen und den Menschen zu unterscheiden, die ihm zu leblosen Gegenständen werden, die plötzlich ihre individuellen Konturen verlieren und mit den sie umgebenden Häusern zu einer amorphen weißen Masse verschmelzen. „Sie gehörten zusammen mit den Häusern, alles weiß, alles Holz." (9) Noch die selbstverständlichsten Verrichtungen, Essen und Trinken, werden ihm zu einem Vorgang, der ihn in Erstaunen und

Franz Biberkopfs Perspektive auf die Stadt

Die Stadt als Bedrohung

Entsetzen versetzt. Auch die Vision der auf den Häusern schwebenden Dächer zeigt, wie sich in der Wahrnehmung Franz Biberkopfs die Stadt auflöst und zum bedrohlichen Chaos wird. Er flieht vor diesem Chaos auf einen der Hinterhöfe, nimmt immer wieder eine Kampfhaltung ein, „die Hände in den Taschen geballt" (10), singt gegen die Bedrohung an. Doch sobald er den Hinterhof verlässt, ist er den Eindrücken der Stadt von neuem ausgesetzt. „Und nun fing die Straße wieder an, die Häuserfronten, die Schaufenster, die eiligen Figuren mit Hosen oder hellen Strümpfen, alles so rasch, so fix, jeden Augenblick eine andere." (11)
Die Stadt ist für Franz Biberkopf eine Herausforderung in zweierlei Hinsicht. Zum einen muss er in ihr seinen Platz finden, Teil eines sozialen Gefüges werden, zum andern muss er versuchen, die Stadt als ein geordnetes Ganzes wahrzunehmen, um nicht mehr in der Vielfalt der Eindrücke unterzugehen.

Die Großstadt als Chaos

Die ungeordnete Darstellung der Stadt

Die Stadt wird freilich nicht nur in der Perspektive von Franz Biberkopf dargestellt. In zahlreichen Kapiteln begegnet sie dem Leser völlig losgelöst von der Geschichte Biberkopfs. Exemplarisch stehen dafür die Eingangskapitel des zweiten, vierten und fünften Buches. Zunächst entsteht hier ein ähnlicher Eindruck wie zu Beginn des Romans. So wie Franz Biberkopf nicht in der Lage ist, die Stadt als ein sinnvoll geordnetes Ganzes wahrzunehmen, so scheint auch der Erzähler als ordnende Instanz bei der Darstellung der Stadt überfordert zu sein. Das Kapitel „Franz Biberkopf betritt Berlin" macht dies deutlich. Ein Erzähler als Instanz, die den Leser gleichsam an die Hand nimmt und ihn Schritt für Schritt über den Rosenthaler Platz führt, gibt es nicht. Stattdessen lässt er die Stadt selber zu Wort kommen. „Der Rosenthaler Platz unterhält sich." (40) Auf ein Piktogramm der einzelnen Abteilungen der Stadtverwaltung folgen drei amtliche Bekanntmachungen. Anschließend

Die Stadt scheint sich selbst zu erzählen

wird dem Leser der Wetterbericht mitgeteilt. Unvermittelt schließt sich der Linienplan der Elektrischen Nr. 68 an mit den allgemeinen Beförderungsbedingungen der Berliner Verkehrsunternehmen. Ein Passant wird beinahe von einer Autodroschke angefahren. Inserate und die aus dem Telefonbuch abgeschriebenen Abteilungen der AEG in Berlin folgen.
Plötzlich befindet sich der Leser auf einem Bahnsteig des Stettiner Bahnhofs und vernimmt Gesprächsfetzen aus den Unterhaltungen. Übergangslos findet er sich dann vor der Restaurantkette Aschinger wieder. In der Elsasser Straße befindet sich eine Baustelle. An einer Haltestelle befinden sich einige Personen, über deren Unternehmungen der Leser informiert wird. Im Falle des Jungen Max Rüst bekommen wir den ganzen Lebenslauf in Kurzfassung mitsamt Todesanzeige und Danksagung für die Trauerbekundungen mitgeliefert. In einem längerern Absatz wird der Leser Zeuge einer Kneipenunterhaltung. Das Kapitel endet mit dem Stelldichein eines älteren Herrn mit einem jungen Mädchen. Dieser kurze Überblick soll noch einmal verdeutlichen, wie disparat und scheinbar zufällig hier ein Ausschnitt der Großstadt Berlin dargestellt wird. Die Schlussfolgerung liegt also nahe, dass der Erzähler vor seinem Gegenstand, der Stadt Berlin, kapituliert und sich der Zufälligkeit seiner Wahrnehmungen unterwirft. In seinem großen Essay über den „Bau des epischen Werks" gibt Döblin zu, dass ihn

Scheinbare Kapitulation des Erzählers

> „noch heute Mitteilungen von Fakta, Dokumente beglücken ... Da spricht der große Epiker, die Natur, zu mir, und ich, der Kleine, stehe davor und freue mich, wie mein großer Bruder das kann."(Alfred Döblin, Schriften zu Ästhetik, Poetik und Literatur. Olten, Freiburg i.B., 1989, S. 226)

Es sei also wiederholt, die Großstadt, ein ungebändigtes Chaos, scheint sich selber zu erzählen.

Die Stadt als Organismus

Doch diese Schlussfolgerung wäre voreilig. Alfred Döblin hat in seinen zahlreichen Aufsätzen über Berlin immer wieder darauf hingewiesen, dass hinter der Gleichförmigkeit dieser Stadt, hinter der Zufälligkeit der Einzelerscheinungen, der Lichtwirbel, der durch die Stadt hastenden Menschen, der einzelnen Gebäude doch ein gestalthaftes Ganzes hervortritt.

Die Stadt als gestalthaftes Ganzes

> „Es kann niemand von einem Stück Berlin sprechen oder mit Vernunft eine einzige Baulichkeit zeigen. Nur das Ganze hat Gestalt und hat den Sinn der nüchternen modernen Stadt, einer produzierenden Massensiedlung." (Alfred Döblin, Großstadt und Großstädter. In: Die Zeitlupe. Kleine Prosa. Aus dem Nachlass zusammengestellt von Walter Muschg. Olten, Freiburg i.B., 1962, S. 227)

Und an anderer Stelle in diesem Aufsatz findet sich ein gerade auch im Hinblick auf „Berlin Alexanderplatz" aufschlussreicher Vergleich:

Alfred Döblin über Berlin

> „Es (gemeint ist Berlin) ist eine Kompagnie, ein Bataillon, ein Regiment, eine Armee. Wie die Einzelzelle im Organismus kein Gesicht hat, der Organismus (Mensch, Tier, Pflanze) aber hat eines, – so tritt das Haus, die Straße hinter etwas anderem zurück, hinter dem Bataillon, dem Regiment, und nur das andere spricht. Alle diese Häuser unterwerfen sich offenbar dem Bildungsgesetz und Willen einer gewissen einzigen Macht, die hier die Großstadt baut." (ebd., S. 226)

Es wird nun nachzuprüfen sein, ob sich diese Überlegungen Döblins für die Interpretation des Romans fruchtbar machen lassen.

Das östliche Zentrum Berlins als Ort der Handlung

Der Titel des Romans zeigt, dass sich der Erzähler in seiner Darstellung Berlins auf einen bestimmten Ausschnitt der Stadt konzentriert: auf das östliche Zentrum der Stadt rund um den Alexanderplatz und den Rosenthaler Platz. Die unweit gelegenen repräsentativen Viertel der Reichshauptstadt, Regierungsviertel, Schloss, Unter den Linden werden überhaupt nicht erwähnt. Weder interessiert sich der Erzähler für sie, noch setzt Franz Biberkopf auf seinen ständigen Märschen durch die Stadt seinen Fuß in diese Gegenden. Auch der Berliner Westen, der mit seinen mondänen Kaufhäusern und Vergnügungsetablissements, seinen Cafés und Theatern ganz wesentlich zum gängigen Bild der 20er Jahre als die goldenen Zwanziger beigetragen hat, eine Welt, durch die beispielsweise Erich Kästners Fabian im gleichnamigen Roman flaniert, spielt in „Berlin Alexanderplatz" so gut wie keine Rolle. Dies ist eine Vorentscheidung des Erzählers, derer man sich bewusst sein muss, wenn man sich nach der Art der Großstadtdarstellung fragt. Welche Funktion hat diese Beschränkung nun?

Das östliche Zentrum Berlins gehört zu den am dichtesten besiedelten Teilen Berlins und ist zugleich sein kommerzielles Zentrum. Man könnte mit Hilfe des Romans, wenn man die ausgedehnten Spaziergänge Franz Biberkopfs verfolgt, einen Innenstadtplan von Berlin anfertigen. Was interessiert den Erzähler gerade an diesem Viertel? Zum einen sind der Rosenthaler Platz und der Alexanderplatz wichtige Verkehrsknotenpunkte. Straßenbahnlinien aus allen Richtungen kreuzen sich, so dass diese Plätze gleichsam Verdichtungsräume sind, an denen sich die unterschiedlichsten Menschen begegnen und an denen sie als Massen in Erscheinung treten.

Kommerzielles Zentrum

Verkehrsknotenpunkte

Besonders deutlich wird dies im Eingangskapitel des fünften Buchs, wo die Verkehrsregelung auf dem Alexanderplatz beschrieben wird. Diese Passage lohnt eine genauere Betrachtung. „Die Schupo", heißt es da, „beherrscht gewaltig den Platz." (147) Die Polizisten erscheinen aber nicht als Individuen, sondern verdinglicht als „Exemplare". Betont wird ihre Gleichförmigkeit. Nicht nur die ruckartigen Bewegungen der Polizisten erinnern an eine Maschine, sondern auch die Formulierung, dass „sich das Exemplar selbsttätig um(schaltet)" (147). Der Polizist geht ganz in seiner Uniformität auf. Nicht sein Rock ist auf Taille gearbeitet, sondern „scharf ist der Schupo auf Taille gearbeitet" (147).

Die Menschen, die durch die Schupos gelenkt werden, sind gleichfalls gesichtslos. Der metonymischen Reduktion der Menschen auf die Himmelsrichtungen, aus denen sie kommen, entspricht die Metaphorik des Stroms, mit der ihre Bewegungen beschrieben werden: wie aus einer geöffneten Schleuse „ergießen" sich die Menschen über den Platz und „schwimmen" den anderen „entgegen". Die Menschenmassen werden zur elementaren Urgewalt, die beherrscht werden muss, indem man sie kanalisiert. Ausdrücklich verweist der Erzähler auf die Ununterscheidbarkeit der Gesichter. Passanten, Autobus- und Straßenbahnbenutzer – nichts unterscheidet sie voneinander. Die Menschen in den Verkehrsmitteln kommen nur als das Gewicht, das sie in den Wagen bringen, in Betracht, sie sind auf ein abstraktes Maß reduziert. Die Menschen

Die Menschen als Masse

> „lesen Zeitungen verschiedener Richtungen, bewahren vermittels ihres Ohrenlabyrinths das Gleichgewicht, nehmen Sauerstoff auf, dösen sich an, haben Schmerzen, haben keine Schmerzen, denken, denken nicht, sind glücklich, sind unglücklich, sind weder glücklich noch unglücklich" (148).

Nichts ist diesem Prozess der Vereinheitlichung entzogen, auch nicht die Sprache. In den Sprachfluss dieser Passage sind zwei Klassikerzitate einmontiert („Wer kann es raten, wer kann es nennen und wer bekennen [Goethe], drei Worte nenn ich dir inhaltschwer [Schiller]" 148); anschließend wird bemerkt, dass das Deutsch der Bibel, des BGB und der Fahrscheine dasselbe sei. Diesem Prinzip der Gleichförmigkeit ist alles unterworfen. Zur Bestätigung wird die Bibel im Zusammenhang mit dem Abriss des Kaufhauses Hahn zitiert: „Von Erde bist du gekommen, zu Erde sollst du wieder werden." (146) Das gilt für Kaufhäuser, für alte Hosen, für Städte und natürlich auch für Menschen.

Gleichförmigkeit

Die Stadt erscheint als strukturierter Organismus

Die Stadt erscheint an diesen Plätzen sowohl in ihrer chaotischen Vielfältigkeit und Zufälligkeit als auch als ein strukturierter Organismus, in den die Einzelnen in einer übergreifenden Ordnung aufgehoben zu sein scheinen. Durch die zahlreichen Verkehrsadern, die die Stadt durchlaufen, sind noch die entfernteren Gegenden der Stadt auf diese Plätze bezogen.

Ähnlich wie das Verkehrsnetz die einzelnen Punkte der Stadt zu einem System verknüpft, bildet auch die AEG, wenngleich über die ganze Stadt verstreut, einen Organismus. Dass der Erzähler kurz nach der Erwähnung der Elektrischen Nr. 68, ihrem Linienverlauf und den Beförderungsbedingungen die AEG mit ihren zahlreichen Niederlassungen erwähnt, ist eines der vielen versteckten Beispiele in diesem Roman, in denen die Stadt als ein System von Bezügen, Entsprechungen, Abhängigkeiten erscheint. Die AEG beispielsweise versorgte die elektrischen Bahnen in Berlin mit ihren Motoren und stieg selber in den Bahnbetrieb ein.

Die AEG

Ein Massenbetrieb ganz anderer Art ist Aschinger, eine Restaurantkette, die im Roman des öfteren erwähnt wird. Dort aßen die Angestellten der umliegenden Geschäfte und Büros zu Mittag, und am Abend pflegte sich dort ein durchweg kleinbürgerliches Publikum einzufinden. An die Erwähnung von Aschinger schließt sich wieder einmal einer der vielen Exkurse des Erzählers an, in dem es an dieser Stelle um gesunde Ernährung geht und die in dem Werbeslogan mündet: „Feine Wurstwaren auch außer dem Haus, Leberwurst und Blutwurst billig." (146) Fast unmittelbar darauf wird der Linienverlauf der Straßenbahn 65 erwähnt, die vom Zentralviehhof herkommt. Auf diese Art und Weise gelingt es dem Erzähler immer wieder aufs neue, scheinbar frei assoziierend ein Netz von Bezügen zu flechten, das die auf den ersten Blick chaotisch erscheinende Stadt zu einem organischen Ganzen verbindet.

Aschinger

Der Schlachthof, dem zwei Kapitel gewidmet sind und der leitmotivisch im Roman immer wieder auftaucht und eine symbolische Funktion aufweist, auf die an anderer Stelle noch genauer eingegangen werden muss, ist der Ort der industriellen und vollkommen durchrationalisierten Tierschlachtung, durch die die Millionenstadt Berlin ernährt wird.

Schlachthof als Sinnbild der Gewalt

Der Schlachthof ist im Roman Sinnbild kalter Gewalt, die das Bild der Großstadt insgesamt prägt. Das Prinzip der Gewalt manifestiert sich auch in der Baustelle auf dem Alexanderplatz, wo bei den

Bauarbeiten an der U-Bahnlinie Eisenstangen in den Boden gerammt werden. „Ratz kriegt die Stange eins auf den Kopf ... die haben sie fein eingepökelt." (144) Das gleichfalls leitmotivisch wiederkehrende Kaufhaus Hahn wird „ausgeweidet". In der Sprache des Schlachthofs wird der Umbau und die Neugestaltung des Alexanderplatzes beschrieben, dessen Bedeutung als Verkehrsknotenpunkt und als Konsumort durch das neu entstehende große Warenhaus noch verstärkt wird.

So entsteht unter der Oberfläche des Chaos und der Unordnung ein Bild der Stadt als ein kohärentes Ganzes in all seinen funktionalen Bezügen.

Großstädtische Lebensläufe

Längsschnitt durch eine Mietskaserne

Ein typischer Ort der Großstadt ist die Mietskaserne. Eine solche beschreibt der Erzähler zu Beginn des vierten Buchs. Bilden diese Häuser nach vorne noch eine einheitliche Front, scheinen sie nach hinten wild zu wuchern (vgl.106), der geeignete Ort für Franz Biberkopf, sich vor der Welt zu verkriechen. Der Erzähler legt nun durch eines dieser Häuser einen Schnitt und ermöglicht auf diese Art dem Leser einen Blick hinter die Fassade einer der ungezählten Mietskasernen in Berlin. Was er dort zu sehen bekommt, sind exemplarische Lebensläufe und Lebenslagen, die untereinander schon einige Ähnlichkeiten aufweisen. Da sind Ehebruchgeschichten, Krankheitsgeschichten, Geschichten von Glücksuche und Unglück. Gerade in der zufällig erscheinenden Addition dieser Mietparteien, zu denen auch Franz Biberkopf gehört, kommt letztlich die Gleichförmigkeit großstädtischer Existenz zum Ausdruck. Zugleich entsteht der Eindruck, dass jede dieser Gestalten ähnlich wie Franz Biberkopf ein exemplarischer Held sein könnte.

Großstädtische Milieus – Kriminelle und Kleinbürger

Franz Biberkopfs Leben spielt sich, wenn er nicht gerade durch die Stadt spaziert, vor allem in den Kneipen rund um den Alexanderplatz ab. Seine Wohnungen wechselt er hin und wieder. Kaum einmal passiert in seiner Wohnung etwas, was von Belang ist. Immer wieder treibt es ihn nach draußen und in die Kneipen. Dort macht er seine Zufallsbekanntschaften, und dort fasst er seine verhängnisvollen Entschlüsse, dort politisiert er, und dort wird er schließlich von der Polizei gefasst. Die Kneipe ist der Ort, wo sich ein bestimmtes großstädtisches Publikum trifft, das auch den Roman von Döblin bevölkert. Zu Beginn des zweiten Buches, noch bevor Franz Biberkopf wieder auf der Bildfläche erscheint, wird dem Leser ein Gespräch in einer kleinen Kneipe am Rosenthaler Platz zwischen einem jungen Mann, der soeben seinen Arbeitsplatz verloren hat, und einem morphiumsüchtigen ehemaligen Oberlehrer mitgeteilt. Die beiden sind durchaus typisch für das Milieu, in dem der Roman wesentlich spielt: es ist eine bunte Mischung aus Gescheiterten, aus von der Deklassierung bedrohten Kleinbürgern und aus den bürgerlichen Bahnen Geratenen, aus kleinen und großen Kriminellen, Zuhältern und Huren. Alles Personen, die am Rande der bürgerlichen Gesellschaft stehen oder bereits außerhalb. Wenn Döblin seinen Roman in diesem Milieu ansiedelt, geht es ihm weder darum, seinem Werk die Aura des Anrüchigen zu geben, auch eine sozialkritische Studie im kriminellen Milieu ist nicht beabsichtigt. Es geht vielmehr darum, dass er an diesem Milieu Verhaltensweisen aufzeigen kann, die das Leben in der Großstadt insgesamt prägen, hier aber mit besonderer Deutlichkeit zutage treten. Das Leben ist bestimmt durch einen beständigen Kampf, in dem der Einzelne sich behaupten muss. Interessant nun ist an dem Milieu, das im Mittelpunkt des Romans steht, dass es diesen Kampf nur noch in der Verletzung bürgerlicher oder aber auch klassenbewusst proletarischer Normen glaubt führen zu können. Wir

Die Kneipe als Franz Biberkopfs Lebensmittelpunkt

Bedrohte Kleinbürger und Kriminelle

Großstadtexistenz als ständiger Überlebenskampf

haben gesehen, dass Franz Biberkopf sich die Auffassung zu eigen gemacht hat, dass man vom Arbeiten nicht reich wird, sondern nur vom „Schwindeln". Und unmittelbar nachdem er seiner neuen Bekannten diese Einsicht mitgeteilt hat, heißt es:

> „Es ist die Schlacht geschlagen wohl auf dem freien Feld, rätätätä, ratätätä, rätätätä, wir haben die Stadt gewonnen und das ganze viele schwere Geld genommen, geklommen, ratätätä, tätäta tätä!" (218)

Das Motiv der Eroberung der Stadt steht also in einem unmittelbaren Zusammenhang mit der kriminellen Verletzung bürgerlicher Normen. Im Gespräch mit einem klassenbewussten Arbeiter verkündet Franz Biberkopf, gerade indem er keiner regulären Arbeit nachgehe, bekämpfe er den Kapitalismus, und fügt dann den klassisch liberalen Grundsatz hinzu: „Selbst ist der Mann." Der Arbeiter, der gegen diese Haarspaltereien die proletarische Solidarität einfordert, kommt am Ende zu dem Schluss: „Ihr seid Abschaum vom Kapitalistensumpf." (244) Wie sich die jeweiligen Prinzipien in ihrer Legitimität umdrehen lassen, führt Franz Biberkopfs schlauer Freund Willi vor: wer seinen Kriegsdienst ableiste, komme nach Auffassung der Herrschenden seiner „Dienstpflicht" nach, für ihn aber heiße das nur „Freiheitsberaubung".

Zusammenfassend zu diesem Aspekt des Themas Großstadt lässt sich sagen, der Erzähler wählt ein bestimmtes großstädtisches Milieu aus, das vom Abstieg bedrohte, teilweise in die Kriminalität abgerutschte Kleinbürgertum und Proletariat sowie Kriminelle, wie es in der kleinstädtischen Welt der Provinz mit ihrer größeren Übersichtlichkeit und einer entsprechend größeren sozialen Kontrolle nicht existiert. Dieses Milieu erscheint in seinem verzweifelten Versuch, von den Segnungen des gesellschaftlichen Reichtums etwas abzubekommen, nun besonders geeignet, den alltäglichen Überlebenskampf zu zeigen, so wie ihn Franz Biberkopf als Einzelner führt.

Zeitungen

In wenigen Romanen der deutschen Literatur spielt die Zeitung eine so zentrale Rolle wie in „Berlin Alexanderplatz".

Auf seinem Weg in die Stadt zu Beginn des Romans begegnen Franz Biberkopf als erstes Zeitungsverkäufer, die ihre Tageszeitungen und Illustrierten ausrufen. Damit ist ein thematischer Bereich angesprochen, der den Leser den ganzen Roman hindurch bis zum Ende begleitet. Franz Biberkopf betätigt sich zu Beginn des Romans selber als Zeitungsverkäufer, er ist ein eifriger Zeitungsleser, und gegen Ende des Romans wird er selber zum Anlass einer Schlagzeile, als er durch die Zeitung erfährt, dass Mieze ermordet aufgefunden worden ist und er als Tatverdächtiger gesucht wird. Vor allem aber ist die Zeitung im Roman ständig präsent in Form von einmontierten Schlagzeilen, lokalen und internationalen Nachrichten, Sensations- und Klatschnachrichten, Reportagen, Kommentaren usw.

Ständiges Vorkommen der Zeitungen

Angesichts dieses Befundes ist zu fragen, welche Rolle die Zeitung im Roman spielt. Verschiedene Funktionen sind zu unterscheiden. Zum einen ist die Zeitung episch in die Erzählung integriert. Dies ist der Fall, wenn Franz Biberkopf zu Beginn des Romans sein Geld als Zeitungsverkäufer verdient. Damit ist etwas ausgesagt über den sozialen Status des Helden am unteren Rand der Gesellschaft, zugleich bietet diese Konstellation dem Erzähler die Möglichkeit, aus der Perspektive des Helden das Leben auf der Straße einzufangen. Auch die von der Romanfigur ausgerufene Schlagzeile wirkt nicht als Fremdkörper in der Erzählung. Wenn Franz Biberkopf rechtsradikale Zeitungen verkauft und in diesem Zusammenhang ganze Passagen aus dem Völkischen Beobachter zitiert werden, so ist auch hier noch ein Zusammenhang zwischen Romanhandlung und dem zitierten Text erkennbar. Franz Biberkopf sehnt sich nach Ordnung und glaubt in den Rechtsradikalen diejenigen gefunden zu haben, die für diese Ordnung sorgen. Er wird durch die Art der Zeitungen, die er liest und ver-

Funktionen der Zeitung im Roman

Franz Biberkopf als Verkäufer rechtsradikaler Zeitungen

kauft, in seiner politischen Naivität, Unbedarftheit, aber auch in seiner Verführbarkeit charakterisiert. Dass Franz Biberkopf dennoch ein durchaus unpolitischer Mensch ist, wird deutlich, wenn er die „grüne Post (liest), die ihm am besten gefällt, weil da nichts Politisches drinsteht" (206). Auch hier also ist die Zeitung dazu da, ihren Leser zu charakterisieren. Bis hierher entspricht die Art und Weise, wie das Thema Zeitung im Roman Eingang findet, durchaus dem traditionellen Roman. Wenn beispielsweise bei Fontane eine Romanfigur die konservative Kreuzzeitung liest, dann ist etwas über diese Figur ausgesagt. Wenn ein Zeitungsartikel eine Diskussion zwischen Romanfiguren auslöst, auch dies geschieht bei Fontane nicht selten, dann dient die Zeitung und die daran anschließende Diskussion zur Charakterisierung von Personen, eventuell auch dazu, die Handlung voranzutreiben. Nun haben wir es in dem Roman aber mit zahlreichen Stellen zu tun, an denen scheinbar unmotiviert, aus dem Erzählzusammenhang herausgerissen, Zeitungsartikel zitiert werden. Kein Zeitungsleser ist erkennbar, kein Anlass, aus dem heraus nun gerade an dieser Stelle diese Zeitungsnachricht erscheint. Völlig willkürlich und zufällig scheint der Erzähler an diesen Stellen zu verfahren. Erinnert man sich aber, dass der Held des Romans die Stadt ist, so lässt sich eine Antwort auf die Frage finden, welche Funktion die zahlreichen Zeitungsmeldungen im Roman haben. Ist die Stadt der Held des Romans, ist nicht mehr die Notwendigkeit gegeben, jeden Einblick in die großstädtische Realität episch zu motivieren, die Zeitung ermöglicht eine Allgegenwart, die im klassisch-realistischen Roman so nicht möglich ist. Die Zeitungsnachricht zeigt mithin die Großstadt in ihrer Vielschichtigkeit, im chaotischen Nebeneinander von Politik, Katastrophe, Verbrechen, Sportereignis, Kulturereignis, Prominentenhochzeit. Wie die Erfahrung der Großstadt in der ungeordneten Wahrnehmung der vielfältigsten Eindrücke sich niederschlägt, so wird im Medium der Zeitung diese Art der Wahrnehmung reproduziert. In diesem Punkt ist Döblin mit seinem Roman durchaus nicht

---

Charakterisierung von Romanfiguren durch ihre Zeitungslektüre

Montage von Zeitungsartikeln

Die Zeitungsnachricht repräsentiert die Vielschichtigkeit der Großstadt

originell. Das flüchtige Überfliegen der Zeitung, bei dem die unterschiedlichsten Nachrichten kreuz und quer nebeneinander erscheinen, das sogenannte cross reading, hat bereits seinen Niederschlag gefunden im expressionistischen Reihungsstil eines Jakob van Hoddis oder Alfred Lichtenstein. Mit anderen Worten, im beliebig erscheinenden Zeitungszitat spiegelt sich die Großstadt in ihrer Vielfalt, ihrem Chaos, ihrer Unordnung wider sowie die typisch großstädtische Wirklichkeitswahrnehmung.

Zeitungslektüre und expressionistischer Reihungsstil

Zugleich aber ist die Zeitung ein Medium, das die moderne Großstadt wesentlich charakterisiert, genauer die Zeitung, wie sie in „Berlin Alexanderplatz" erscheint. Es geht hier ja nicht um traditionelle Honoratiorenblätter oder um lokale Mitteilungsblätter. In unserem Roman geht es um die Boulevardzeitung, die durch grelle Schlagzeilen auf sich aufmerksam macht, oder die Illustrierte, die die Aufmerksamkeit des Lesers durch Bildreportagen, Sensationsberichte, Prominentennachrichten auf sich zieht. Dies entspricht dem Lese- und Sensationsbedürfnis eines durch den großstädtischen Betrieb abgestumpften Publikums, das durch die Zeitung befriedigt wird. Das heißt, die ungeordnete Welt der Zeitungsnachrichten ist bezeichnend sowohl für die Großstadt als auch für die Art und Weise großstädtischer Wahrnehmung.

Sensationspresse und großstädtisches Publikum

Mit dieser Art der Wahrnehmung einer geht eine Enthierarchisierung der Nachrichten. Die Zeitungsnachricht wird aber auch unmittelbar in das Erzählen integriert mit der Folge, dass es zur Umkehrung von Hierarchien kommt. Was damit gemeint ist, soll an einer Textpassage im fünften Buch aufgezeigt werden (172 f.). Franz Biberkopf sitzt in seiner Stammkneipe zusammen mit seinem Freund Meck, als plötzlich Reinhold die Kneipe betritt. Der Erzähler begnügt sich aber nicht damit, diesen Sachverhalt einfach mitzuteilen, sondern stellt zunächst Spekulationen darüber an, wer es sein könnte, der da kommt. Er sucht nach einer Antwort in der Zeitung. Die Rede ist vom König von England, der in London zur Parlamentseröffnung fährt, anschließend von den Unterzeichnern des Kellogg-

Wechselbeziehung von Romanhandlung und Zeitungsartikel

paktes in Paris, wobei solche Details wie die Anzahl der anwesenden Fotografen ebenso wenig vergessen werden wie der Umfang des Tintenfasses. Dieses Abschweifen ist ein typisches Charakteristikum für die Art des Erzählens. Der politisch bedeutsame Akt der Vertragsunterzeichnung und die völlig nebensächliche Nachricht, dass bei der Unterzeichnung eine Sèvresgarnitur verwendet worden ist, signalisiert in der Nachricht die Nivellierung von Bedeutendem und gänzlich Unbedeutendem. Erst jetzt erfährt der Leser, dass es sich bei dem Neuankömmling um Reinhold handelt.

Nach demselben Schema funktioniert der nächste Absatz. Der Erzähler stellt die Frage, wer Reinhold von der Wand her zuwinken wird. Es ist weder der Nürnberger Oberbürgermeister noch der Reichsinnenminister noch der bayrische Kultusminister, die alle eine Rede zum Dürertag in Nürnberg halten, sondern Franz Biberkopf. Dazwischen unterläuft dem Erzähler noch die Wiedergabe eine Werbeslogans für Kaugummi, worin das flüchtige Überfliegen der Zeitung ihren Ausdruck findet. Politische Nachricht, Kulturnachricht, Werbeslogan – alles steht auf einer Ebene nebeneinander. <u>Indem nun die öffentlichen Personen der Zeitungsnachricht mit den Romanfiguren auf eine Ebene gebracht werden, entsteht zum einen ein komischer Effekt durch die Fallhöhe.</u> Der König von England neben Reinhold, die Politiker auf einer Kulturveranstaltung neben Franz Biberkopf, öffentlich dargestelltes Pathos und repräsentative Feierlichkeit neben einem fragwürdigen Kneipenmilieu im Berliner Osten. Dieses Verfahren zur Erzeugung von Komik benutzt der Erzähler in seinem Roman immer wieder.

Durch die Juxtaposition von englischem König und zwei kleinen Lumpenproletariern wird zum einen die Statuslosigkeit bzw. soziale Bedeutungslosigkeit der letzteren deutlich. Gleichzeitig wird aber die von den Zeitungen konstituierte Bedeutsamkeit von Politikern, Stars und Sportlern dadurch relativiert, dass es Figuren wie Franz Biberkopf und Reinhold sind, die das Interesse des Lesers im Roman finden. Werden also die Zeitungsnachrichten

Aufwertung von Franz Biberkopf und Reinhold als Romanhelden

in ihrem beliebigen Durch- und Nebeneinander enthierarchisiert, findet durch die Gegenüberstellung der öffentlichen Personen der Zeitungen mit den kleinen Leuten der fiktiven Welt des Romans eine Art von Umwertung und Umkehrung der Bedeutsamkeit statt. Damit wird zugleich der Roman als ästhetische Form gegenüber dem Bericht der Zeitung aufgewertet.

Gegenstand der Zeitung sind freilich nicht nur Politiker und andere Prominenz, auch sensationelle Geschichten von Mord und Totschlag. Zu Beginn des siebenten Buches (271 f.), an dessen Ende Mieze ermordet wird, wird die „Schicksalstragödie des Fliegers Beese Arnim" erzählt, der die „alte ausgeleierte Hure Pussi Uhl" erschossen hat. Der Geschichte, die in einer für den Roman typischen Stilmischung (Vulgarismen wie „die Bullen" oder zu „zweieinhalb Jahren Zuchthaus verknackt" stehen neben poetischen Metaphern wie „die Bahn des Verbrechens" oder „Schicksalstragödie") erzählt wird, liegt ein Bericht aus der Berliner Zeitung zugrunde. In diesem Fall ist die Nähe von Zeitungsgeschichte und fiktiver Geschichte des Romans unübersehbar. Die Ähnlichkeit geht so weit, dass man sich die Geschichte des Fliegers Beese Arnim auch als Gegenstand eines Romans vorstellen könnte. Und umgekehrt, in konsequenter Fortführung dieses Motivs, wird im nächsten Buch die „Schicksalstragödie" Franz Biberkopfs Gegenstand eines groß aufgemachten Zeitungsartikels. Das Romanhafte ist also selbst schon in den Zeitungsdarstellungen angelegt.

Parallelität von Romanhandlung und Zeitungsnachricht

Fassen wir die Funktionen der Zeitung im Roman noch einmal zusammen. Zum einen erscheint dieser thematische Komplex im traditionellen Sinne episch integriert. Franz Biberkopf ist Zeitungsverkäufer und Zeitungsleser, womit etwas über seinen sozialen Status ausgesagt ist sowie über seine politische Orientierung. Die Zeitung erscheint weiterhin in vielerlei Hinsicht als typisches Medium der modernen Großstadt; es befriedigt ein verbreitetes Sensations- und Zerstreuungsbedürfnis. In den Zeitungen erscheinen die unterschiedlichsten Nachrichten nebeneinander, dies provoziert eine

Art der Wahrnehmung, die der des großstädtischen Betriebs entspricht. Durch die Juxtaposition von Zeitungsnachricht und fiktiver Romanhandlung findet eine gegenseitige Perspektivierung statt. Und schließlich bekommt durch die Parallelisierung von Zeitungsbericht und fiktiver Geschichte der Roman Züge des Dokumentarischen und umgekehrt die Realität Züge des Romanhaften.

Deutungsangebote des Autors

Der Roman erschöpft sich nicht in der Darstellung der Großstadt und der Geschichte von Franz Biberkopf. Es finden sich zahlreiche Elemente im Roman, die zumindest nicht unmittelbar auf eines dieser beiden thematischen Zentren bezogen werden können. Dazu gehören die beiden wichtigen Schlachthof-Kapitel des vierten Buchs, die Bibelparaphrasen, Anspielungen auf den antiken Mythos, Leitmotive sowie die vielen Parallel- bzw. Kontrastgeschichten. Funktion all dieser nicht unmittelbar in den Handlungszusammenhang integrierten Elemente ist es, die Handlung sowie den Helden des Romans in einen bestimmten Sinnhorizont zu stellen. Das Verständnis des Romans wird also ganz wesentlich davon abhängen, welchen Zusammenhang der Leser zwischen diesen unterschiedlichen Ebenen des Romans herstellt.

Der Schlachthof

Thematische Bezüge der Schlachthof-Kapitel

Die beiden Schlachthof-Kapitel verdienen aus verschiedenen Gründen eine besondere Beachtung: Sie nehmen im vierten Buch einen relativ großen Raum ein; die Darstellung des Schlachthofs ist von einer außergewöhnlichen Intensität; die Thematik dieser Kapitel, die industriell organisierte massenhafte Abschlachtung von Tieren, stellt einen Zusammenhang zur modernen Großstadt her; das

Thema der Gewalt steht insofern im Zusammenhang mit der Geschichte Franz Biberkopfs, als er zugleich Gewalt ausübt und erleidet. Darüber hinaus finden sich im Verlauf des Romans immer wieder vielfältige, teilweise versteckte Bezüge auf die Thematik dieser Kapitel, die, wie schon in anderen Zusammenhängen angemerkt wurde, ein die disparaten Elemente des Romans verknüpfendes Netzwerk ergeben.

Die Darstellung des Schlachthofes verklammert gleichsam symbolisch die Geschichte von Franz Biberkopf mit der Großstadt Berlin.

Symbolische Funktion des Schlachthofs

Der Schlachthof wird zunächst in seiner Funktion als öffentliches Unternehmen beschrieben: der Standort in der Stadt, Fläche, Organisation, die Anzahl der Beschäftigten, gesetzliche Bestimmungen, die Herkunft des Viehs. Später erhält der Leser noch präzise Zahlen über die Situation auf dem Viehmarkt. Den größten Teil der beiden Kapitel nimmt die Beschreibung ein, wie das Vieh, zunächst die Schweine, dann ein großer Stier und schließlich ein Kälbchen, geschlachtet werden. Am Ende des ersten Schlachthofkapitels findet sich unvermittelt eine Warnung an Franz Biberkopf, der sich nach dem Schlag, den er von Lüders erhalten hat, in sein Zimmer verkrochen hat und zusehends verlottert. Zwischen die beiden Kapitel ist eine Paraphrase der biblischen Hiob-Geschichte eingeschoben.

Struktur der Schlachthof-Kapitel

Die Art und Weise, wie die Tötung des Viehs beschrieben wird, erinnert bis in Details hinein an die leitmotivisch sich wiederholenden Beschreibungen der Baustellen im Zentrum der Stadt. So wie die Dampframme auf dem Alexanderplatz die Stangen in den Boden hineintreibt – „ratz kriegt die Stange eins auf den Kopf" (144) –, saust der Hammer auf den Kopf des Stiers. Wenn dann noch bei der Beschreibung der Bauarbeiten die Rede davon ist, dass die Stange „fein eingepökelt" (144) ist, dann legt die Metaphorik einen Zusammenhang zwischen Bauarbeiten und Schlachthof nahe. Noch deutlicher wird dieser Zusammenhang, wenn erzählt wird, wie der Stier verblutet. Die Tötung des Tieres wird verglichen mit einem Haus, das wegen

Schlachthof und Baustellen

eines Straßendurchbruchs abgerissen wird. Dies verweist wiederum auf die Arbeiten am Alexanderplatz, wo das Kaufhaus Hahn „ausgeweidet" (146) wird, so wie das Vieh im Schlachthof (vgl. 120). Dass die Straßenbahnlinie 65 vom Zentralviehhof kommend in den Alexanderplatz einmündet, unterstreicht den Bezug von Schlachthof und zentralem Platz.

Schlachthof und Gewalt

Ähnlich deutlich ist auch der Zusammenhang zwischen der Schlachtung der Tiere und der Gewalt, die im Roman gegen Menschen ausgeübt wird. Zunächst ist auffällig, dass Franz Biberkopf im Verlauf des Romans in vielfältigster Weise mit Vieh assoziierbar ist. Mal wird er als „Ochse" (333) bezeichnet, dann wieder als Schaf, Reinhold nennt ihn ein fettes Schwein und Vieh (279). Von Biberkopfs „Kalbsaugen" (140) ist die Rede, in Bierlaune singt er: „Wir saufen wie die Schweine." (174) Auf Franz Biberkopfs unbändige Fresslust ist bereits hingewiesen worden. Doch darin erschöpft sich der Bezug zwischen Franz Biberkopf und dem Schlachthof nicht, er setzt sich fort in wichtigen Beschreibungsdetails. Vom geschlachteten Kälbchen heißt es: „<u>Steif</u>, gestreckt sind die Beinchen." (128; Hervorhebung: T. S.) Unmittelbar vor dem Schlachthofkapitel sagt sich Franz Biberkopf in seinem Selbstmitleid:

Der Bezug Franz Biberkopf – Schlachtvieh

> „Es wird nicht mehr gearbeitet, und wenn der ganze Schnee verbrennt, wir rühren keinen Finger mehr, wir machen uns <u>steif</u>." (116; Hervorhebung: T. S.)

Wie das Kälbchen in Totenstarre daliegt, so liegt Franz Biberkopf in völliger Apathie und Schicksalsergebenheit da. Als er später zum ersten Mal, nachdem er seinen Arm verloren hat, wieder bei Reinhold sitzt, erfahren wir, dass er „sich steif (hält)" (268). Am Ende in der Klinik liegt er „ganz steif" (377), er „stopft sich die Ohren zu, macht sich steif" (379). Und im selben Zusammenhang ist resümierend vom „Sichversteifen in das Unglück" (379) die Rede. Franz Biberkopf erinnert in seiner grundlegenden Lebenshaltung an das Schlachtvieh, das wehr- und widerstandslos dem Tod ausgeliefert ist.

Der Zusammenhang Franz Biberkopf und Schlachthof wird auch deutlich, wenn der Tod Franz mit dem Beil bedroht.

> „Es werden auf dem Block geschlagen von seinem Körper Stück um Stück. Sein Körper schiebt sich automatisch vor, muss sich vorschieben, kann nicht anders. Das Beil wirbelt in der Luft. Es blitzt und fällt. Er wird Zentimeter um Zentimeter zerhackt." (390)

Auch als die Ermordung Miezes erzählt wird, wird parallel dazu auf den Schlachtvorgang verwiesen. Als Reinhold sie zur Kute führt, heißt es plötzlich:

Parallelität von Miezes Ermordung und Beschreibung des Schlachtvorgangs

> „Wenn man ein Kälbchen schlachten will, bindet man ihm einen Strick um den Hals, geht mit ihm an die Bank. Dann hebt man das Kälbchen hoch, legt es auf die Bank und bindet es fest." (316)

Und nachdem geschildert worden ist, wie Reinhold Mieze umgebracht hat, setzt sich die Schlachthofpassage fort:

> „Darauf schlägt man mit der Holzkeule dem Tier in den Nacken und öffnet mit dem Messer an beiden Halsseiten die Schlagadern. Das Blut fängt man in Metallbecken auf." (317)

Was sollen diese zahlreichen leitmotivisch auftretenden Bezüge? Eine erste Antwort auf diese Frage scheint sich aus der Kapitelüberschrift zum ersten Schlachthof-Kapitel ableiten zu lassen, die dem alten Testament (Prediger 3,19) entnommen ist:

Bedeutung der leitmotivischen Bezüge

> „Denn es geht dem Menschen wie dem Vieh; wie dies stirbt, so stirbt er auch." (117)

Das würde bedeuten, dass das menschliche Leben wie das des Viehs im Zeichen des Todes steht und dass dies in den Schlachthofbeschreibungen besonders drastisch veranschaulicht wird. Doch in diesem Memento mori erschöpft sich der Sinn des Kapitels sicher nicht. Eine weitere Deutungsmöglichkeit wäre, dass der Mensch sich in sein Schicksal mit der gleichen Ergebenheit fügt wie das Vieh auf dem Schlachthof. Doch es gibt zwei Stellen im Roman, die ausdrücklich auf den Unterschied zwischen Mensch und Vieh verweisen und die oben angedeutete Interpretationsmöglichkeit eher widerlegen. Im sechsten Buch wird der Mensch mit einer Sau verglichen.

Differenz Mensch – Vieh

> „Was eine Sau tun wird, wenn sie in den Kofen kommt, kann man sich schon denken. Bloß hat es sone Sau besser als ein Mensch, weil die nämlich aus einem Stück Fleisch und Fett ist, und was mit der weiter passieren kann, ist nicht viel, wenns Futter langt: höchstens kann sie nochmal werfen, und am Ende ihres Lebens steht das Messer, was schließlich auch nicht besonders schlimm und aufregend ist: bevor sie was merkt – und was merkt son Vieh – ist sie schon hin. Ein Mensch aber, der hat Ihnen <u>Augen</u>, in dem steckt viel drin und alles durcheinander; der kann den Deibel denken und muss denken (der hat einen schrecklichen Kopf), was ihm passieren wird." (257; Hervorhebung: T. S.)

Hier wird also deutlich, dass der Mensch sich durch seine Denk- und Sehfähigkeit vom dumpf vegetierenden und in seiner Triebhaftigkeit gefangenen Tier unterscheidet. Als Franz Biberkopf ganz am Ende des Romans die Marschkolonnen vorbeiziehen sieht, bewahrt er kritische Distanz und betont ausdrücklich sein Reflexionsvermögen.

> „Dem Mensch ist gegeben die Vernunft, die Ochsen bilden statt dessen eine Zunft." (410)

Und weiter unten heißt es im Anschluss an das erste Zitat: „Wach sein, Augen auf." (410)

Das Vieh als Sinnbild von Blindheit und Unwissenheit

Nicht um die Einwilligung in das Schicksal geht es also in diesen beiden Kapiteln, sondern gerade darum, dass das Vieh in seiner erkenntnislosen Blindheit und Unwissenheit nicht Vorbild für den Menschen sein kann. Der Aufruf an Franz Biberkopf, endlich aus seiner Lethargie zu erwachen, ist eine Warnung, nicht auf die Ebene des Viehs herabzusinken.

Bibelparaphrasen

Zusammenhang Schlachthof und Bibelparaphrasen

Die beiden wichtigsten Bibelparaphrasen des Romans, die Hiob-Geschichte sowie die Geschichte von Abraham und Isaak, stehen in einem engen Zusammenhang mit den beiden Schlachthofkapiteln. Die Tatsache, dass die Hiob-Geschichte zwischen die Schlachthofkapitel geschoben ist, signalisiert diesen Zusammenhang. In der Abraham-Isaak-Geschichte geht es um das Motiv der Schlachtung und um die Zustimmung zum Willen Gottes.

Bei der Lektüre des Hiob-Kapitels sollte man sich zunächst vergegenwärtigen, dass der Erzähler mit dem biblischen Stoff sehr eigenwillig umgeht. Der Ausgangspunkt der Hiob-Geschichte in der Bibel ist eine Art Wette um die Seele Hiobs. Gott verweist gegenüber Satan auf seinen treuen Diener Hiob. Satan hingegen behauptet, dass Hiob nur so lange sich als treuer Diener erweist, wie er im Wohlstand lebe. Im Unglück werde er von Gott abfallen. Daraufhin lässt sich Gott auf eine Wette mit Satan ein. Zunächst nimmt er Hiob seinen ganzen Reichtum und seine Kinder. Als Hiob daraufhin seinen Glauben nicht verliert und trotz allen Unglücks Gott preist, prüft Gott ihn noch härter, indem er an Hiobs Körper eiternde Geschwüre ausbrechen lässt. Doch trotz aller Schmerzen und Verzweiflung versündigt sich Hiob nicht, hält letztlich an seinem Glauben an Gott fest und wird dafür von Gott reich belohnt.

Hiob in der Bibel

In „Berlin Alexanderplatz" geht es nicht um den theologischen Gehalt, geht es nicht um die Frage des unerschütterlichen Glaubens. Die Gemeinsamkeit zwischen Hiob und Franz Biberkopf besteht vielmehr in dem Unglück, das sie beide erleben, (wobei der Erzähler an späterer Stelle [vgl. 341 f.] ausdrücklich darauf verweist, dass Franz Biberkopfs Unglück ungleich geringer ist als das Hiobs), und in dem Selbstmitleid, in das sie angesichts dieses Unglücks verfallen. Der Erzähler verändert nun die Hiob-Geschichte insofern, als er die Gestalt Hiobs der Franz Biberkopfs annähert. Die anonyme Stimme, die an jene erinnert, die sich immer wieder im Verlauf des Romans an Franz Biberkopf wendet, macht Hiob deutlich, woran er in seinem Elend am meisten leidet: Er schämt sich seiner Schwäche. Er schwankt zwischen den Extremen unbedingter Stärke und der wehrlosen Ergebung in sein Schicksal, die ihn dem Vieh vergleichbar macht.

Gemeinsamkeit von Hiob und Franz Biberkopf

Hiobs Leiden an seiner Schwäche

"Du möchtest nicht schwach sein, du möchtest widerstreben können, oder lieber ganz durchlöchert sein, dein Gehirn weg, die Gedanken weg, dann schon ganz Vieh." (126)

Hiobs Demutsgeste

Hilfe könne er nicht erwarten, weil er sich nicht helfen lassen wolle. Hiobs Heilung beginnt in dem Augenblick, wo sein Widerstand gegen die Stimme gebrochen ist und er schließlich mit einer klassischen Demutsgeste auf das Gesicht fällt. Die Parallele zu Franz Biberkopf ist deutlich. Franz hat sich voller Selbstmitleid nach Lüders' Betrug in sein Zimmer zurückgezogen, schwelgt im Selbstmitleid, nimmt keinerlei Hilfe von anderen an und betäubt sich mit Alkohol (vgl. 129).

Sich nicht helfen lassen wollen heißt zugleich auch, seinen Platz in der Gesellschaft, in der Solidarität mit anderen nicht finden wollen. Wir wissen ja bereits, dass es ein zu Beginn seines Weges durch Berlin kraftvoll von Franz Biberkopf geäußerter Grundsatz ist, sich von den Menschen fernzuhalten. „Anständig bleiben und for sich bleiben." (53) Den Abschluss des vierten Buchs bildet ein Dialog zwischen Franz Biberkopf und der Stimme, die mit Hiob gesprochen hat. Dieser Dialog erinnert in seiner Stillage bis hin zur Wortwahl an das Hiob-Kapitel. Doch statt sich seine Schwäche einzugestehen, beharrt Franz Biberkopf auf seiner Stärke. Der Dialog endet in der für Franz Biberkopf typischen auftrumpfenden Stillage:

"Wer Franz Biberkopf ist. Der fürchtet sich vor nichts. Ich hab Fäuste. Sieh mal, was ich für Muskeln habe." (143)

Franz Biberkopfs Hochmut

Steht am Ende des Hiob-Kapitels die Demutsgeste, endet das Buch mit Franz Biberkopfs Hybris, seinem Hochmut.

Abraham und Isaak

Auch die Paraphrase der Geschichte von Abraham und Isaak im sechsten Buch schließt in vielfältiger Weise sowohl an die beiden Schlachthofkapitel (Motiv des Schlachtens) als auch an das Hiobkapitel (die wörtliche Wiederholung der Demutsgeste) an. Auch im Falle dieser Bibelparaphrase ist eine vom Bibeltext abweichende Akzentverschiebung feststellbar. Geht es in der Bibel vor allem um den

Gehorsam und das Vertrauen Abrahams trotz der ungeheuerlichen Forderung Gottes, den einzigen Sohn zu opfern, steht hier Isaak im Vordergrund, der seine Todesfurcht überwindet und in seinen Tod einwilligt. Zugleich aber mit der Einwilligung ist er sicher, dass Gott auf dieses Opfer verzichten wird. In der Bereitschaft, von sich selber abzusehen, liegt die Voraussetzung für die Rettung, ähnlich wie auch in der Hiob-Geschichte. Zum Verständnis der Abraham-Isaak-Geschichte ist auch hier wieder ihr Kontext im Kapitel und die motivische Wiederaufnahme zu einem späteren Zeitpunkt zu beachten. Unmittelbar vor dieser Geschichte erfährt der Leser, dass Franz Biberkopf in seiner Ratlosigkeit zum Tegeler Gefängnis gegangen ist und dort auf einer Bank einschläft.

Isaaks Einwilligung und Zuversicht als Voraussetzung der Rettung

„Und der gewaltsame Schlaf kommt wieder und reißt ihm die Augen auf und Franz weiß alles." (255)

Diese Erkenntnis kann sich aber nur auf die folgende Geschichte von Abraham und Isaak beziehen. Doch ähnlich wie das vierte Buch endet auch dieses Buch nicht mit einer Umsetzung dieser Einsicht in ein neues Leben, sondern mit einem erneuten Versuch, sich und der Welt zu beweisen, wie stark er ist. Unmittelbar an die Paraphrase der Isaak-Geschichte erzählt Franz Mieze von seinem Gefängnisaufenthalt in Tegel und betont wie schon vorher einige Male, damit sei „alles abgemacht bis uffn letzten Tag" (256). Darin kommt zum Ausdruck, dass Franz Biberkopf immer noch nicht bereit ist, sich seiner Schuld zu stellen und zu büßen. Im siebenten Buch bemerkt der Erzähler, dass Franz Biberkopf auf die Bußbank müsse, „wo er sich hinschmeißt vor seinem schrecklichen Tod und den Mund aufmacht" (280). Und die fehlende Bereitschaft Franz Biberkopfs, sich mit seiner Schuld auseinanderzusetzen und sich auf die Bußbank zu begeben, wird in einen Zusammenhang gebracht mit Isaaks Bereitschaft, sich opfern zu lassen (vgl. 280). Doch

Der Unterschied Isaak – Franz Bierkopf

„Franz gibt nicht nach, dem lässt es keine Ruhe, der fragt nach Gott und der Welt nicht, als wenn der Mensch besoffen ist." (280)

Überwindung eines falschen Individualismus als Sinn der Bibelparaphrasen

Die Bibelparaphrasen haben also die Funktion, die Geschichte von Franz Biberkopf auf gleichsam mythische Modelle der Ein- und Unterordnung des Menschen in die Welt und die Gesellschaft sowie der Überwindung eines falschen Individualismus zu beziehen. Sie enthalten jene Erkenntnis, zu der Franz Biberkopf erst am Ende des Romans findet.

Parallelgeschichten und Parabeln

Die doppelte Bedeutung der Zannowich-Geschichte

Neben den Bibelparaphrasen gibt es noch weitere Geschichten, die nicht in einem unmittelbaren Zusammenhang mit der Geschichte von Franz Biberkopf stehen, aber auf ihn bezogen werden müssen. Offensichtlich ist dies bei der Zannowich-Geschichte, die ihm der Jude Nachum gleich zu Beginn des Romans erzählt, um ihn in seiner Verzweiflung auf andere Gedanken zu bringen. Die Geschichte erzählt zunächst von dem Hausierer Zannowich, der es durch Falschspielerei zu Geld bringt und als angesehener Mann stirbt. Seinen Sohn schickt er zum Studium nach Padua, wo er sich die Umgangsformen der vornehmen Welt aneignet, die es ihm schließlich ermöglichen, als Hochstapler aufzutreten. Ausdrücklich heißt es von ihm, er sei ein „großer Redner" (16) gewesen. An dieser Stelle sei nur kurz an Franz Biberkopfs Bewunderung für Redner erinnert: der Interessenvertreter der ambulanten Gewerbetreibenden (vgl. 47 ff.), Minnas Wirtin (vgl. 58), Pums (vgl. 154) und auch der junge Willi gehören dazu (vgl. 220 ff.) wie auch Franz Biberkopfs eigene Neigung zu großen Reden. Der junge Zannowich hat überall bis hin zu den Monarchen Europas Erfolg. Nachum, der Franz mit seiner Geschichte „die Augen aufmachen" (19) will, liefert die Lehre aus der Erfolgsgeschichte der Zannowichs gleich mit:

> „Aber die Hauptsache am Menschen sind seine Augen und seine Füße. Man muss die Welt sehen können und zu ihr hingehn." (18)

Zannowich habe keine Angst vor der Welt gehabt. Er sei „unschuldig wie ein zwitscherndes Vöglein"

(19) gewesen. Als unschuldig empfindet sich auch Franz Biberkopf, nachdem er seine Gefängnisstrafe verbüßt hat. Und auch das Bild vom „zwitschernden Vöglein" kehrt später wieder, als die anonyme Stimme ihn vor seiner trügerischen Selbstsicherheit, vergleichbar der von Stefan Zannowich, warnt (142). Fordert Nachum ihn dazu auf, seine Angst zu überwinden und auf die Menschen zuzugehen, enthält die Fortsetzung der Geschichte, die Eliser beisteuert, eine andere Lehre. Stefan Zannowich geht mit seinen Hochstapeleien zu weit – ausdrücklich betont Eliser, dass „er sich aufgeblasen (hat)" (21) –, wird entlarvt und ins Gefängnis gesteckt, wo er sich – gerade 30 Jahre alt wie Franz Biberkopf zu diesem Zeitpunkt – „selbst die Adern geöffnet hat" (21). Die Warnung, die diese Wendung der Geschichte enthält, ist unüberhörbar: man soll sich in seiner Stärke nicht überschätzen. Die beiden Lehren der Geschichte beziehen sich im Grunde auf die Extreme von Franz Biberkopfs Verhaltensweisen: zum einen die Angst und damit verbunden der Rückzug in den Schlaf, den Rausch oder die Selbstzerstörung, zum anderen seine Neigung zum Auftrumpfen und zur Demonstration von Stärke.

Die erste Lehre: auf die Welt zugehen

Die zweite Lehre: sich nicht überschätzen

Wendet sich diese Geschichte ausdrücklich als eine Art Lebenshilfe an Franz Biberkopf, ist die Geschichte des Hausmeisterehepaars Gerner im vierten Buch eine Art Vorwegnahme von Franz Biberkopfs eigenem Weg zurück in die Kriminalität. Wie Franz Biberkopf später auch rutscht Gerner mehr aus Zufall in die Diebesbande hinein, ähnlich wie Biberkopf biedert er sich bei den Dieben an. Und wie Gerner beschließt auch Franz Biberkopf später, nicht mehr zu arbeiten und sein Geld nicht mehr auf ehrliche Art zu verdienen. Auch die Bewunderung für die „vernünftigen Ansichten" (134) des jungen Einbrechers findet ihre Entsprechung in Franz Biberkopfs Bewunderung für den cleveren Hehler Willi (vgl. 221). Und selbst die Reaktion Gerners auf die Festnahme durch die Polizei erinnert an Franz Biberkopfs Selbstmitleid: „Mir haben sie mit dem Mist ringelegt." (138) Zu diesem Zeitpunkt aber rüttelt ihn die Geschichte der Ger-

Die Geschichte von Gerners als Vorwegnahme von Franz Biberkopfs Weg in die Kriminalität

ners eher auf, erinnert ihn an seine guten Vorsätze und veranlasst ihn, sich aus seiner Höhle herauszubegeben.

> „Mit der Bande, die da stand und hechelte, hatte er nichts zu tun." (139)

Wieder ein anderer Typus von Parallelgeschichte ist die von dem entlaufenen Sträfling Bornemann, die, in einzelne Segmente aufgelöst, in ihrem Spannungsaufbau parallel gesetzt wird zur Geschichte, in der Franz Biberkopf Reinhold Mieze vorführen will.

Funktion der Parallelgeschichten

All diese Parallelgeschichten bieten dem Leser, indem er sie auf den Kontext der Biberkopf-Geschichte bezieht, Interpretationsperspektiven auf diese eine Geschichte. Zugleich aber entindividualisieren und verallgemeinern sie die Geschichte von Franz Biberkopf, indem sie sie auf überindividuelle Muster beziehen. (Vgl. hierzu auch das Unterkapitel über die Presse in „Berlin Alexanderplatz".)

Leitmotive und andere Verweisungszusammenhänge

Funktionen der Leitmotivtechnik

Die Geschichte von Franz Biberkopf wird begleitet von zahlreichen Leitmotiven. Die Technik des Leitmotivs entstammt ursprünglich der Musik und bezeichnet ein wiederholt vorkommendes Motiv, das für den Zuhörer bzw. Leser eine Art Signalwirkung besitzt. In der Leitmotivik des Romans verdichten sich symbolhaft bestimmte Aspekte des Romans. Sie dient gleichsam zur Verständigung zwischen Erzähler und Leser über den Kopf des Helden hinweg, sie zeigt Deutungsperspektiven auf, sie enthält Andeutungen, greift vor etc.

Ausprägungen des Leitmotivs

Die wesentlichen Leitmotive des Romans sind vor allem der Bibel, aber auch einem Opernlibretto (der Märchenoper „Hänsel und Gretel" von Humperdinck), der Kriegslyrik oder einem Gedicht aus der Lyriksammlung „Des Knaben Wunderhorn" entnommen. Leitmotive können aber auch aus bestimmten Handlungsmotiven des Romans hervorgehen, etwa die „rutschenden Dächer" oder die

wiederkehrende Metaphorik bei der Beschreibung einer Person sein, z. B. die Bezeichnung von Franz Biberkopf als „Kobraschlange".
Leitmotive, die sich im Wesentlichen auf das zweite und dritte Buch beschränken, sind die kurzen Paradiesparaphrasen und das Zitat aus „Hänsel und Gretel", die sich beide zum ersten Mal am Anfang des zweiten Buchs finden. Beide Motive signalisieren Franz Biberkopfs wiedergewonnenes Selbstvertrauen. Er wähnt sich in kindlicher Naivität im Paradies. Das Opernmotiv taucht zum zweiten Mal auf, als Franz mit seiner Freundin Lina durch Berlin spaziert und den Entschluss fasst, mit Zeitungen zu handeln. Das Paradiesmotiv kehrt wieder, als Franz mit völkischen Zeitungen handelt, und zwar deswegen, „weil Ordnung im Paradies sein (muss)" (69), und für die sorgen nach Franz Biberkopfs Meinung die Nazis. In der Auseinandersetzung mit den Kommunisten beharrt er darauf, dass Ruhe und Ordnung einkehren müssen. Doch er beginnt zu ahnen, dass „etwas nicht in Ordnung in der Welt (ist)" (81). Unmittelbar darauf folgt erneut das Paradiesmotiv, allerdings leicht abgewandelt. Der Erfahrung der bösen Auseinandersetzung und des Streits wird jetzt bei der Bibelparaphrase ein trotziges „aber" entgegengesetzt: „Es lebten aber einmal zwei Menschen im Paradies, Adam und Eva." (81; Hervorhebung: T. S.)

**Paradies-
paraphrase und
Märchenmotiv**

In dieser leichten Abwandlung des Motivs kommt zum Ausdruck, dass sich Franz trotz dieser Auseinandersetzung nicht aus dem Paradies vertreiben lassen will. Als er nach dem Streit Lina trifft, hat diese eine christliche Zeitung mitgebracht, den „Friedensboten", dessen Überschrift „Durch Unglück zum Glück" (83) lautet, gleichsam ein ironischer Bezug auf Franz Biberkopfs Biographie, der wähnt, nach seinem Gefängnisaufenthalt und der anfänglichen Verzweiflung nach seiner Entlassung nun das Glück gefunden zu haben. Unmittelbar darauf folgt eine Montage des Märchen- und Paradiesmotivs. Im dritten Buch wird das Motiv wieder aufgenommen mit der Geschichte von der Verführung Adams und Evas durch die Schlange (vgl. 95). Auf diese Art und Weise kündigt sich die Vertreibung aus dem Paradies bereits an. Kurz darauf erfährt Franz, dass Lüders, der im übrigen an einer Stelle als „Schlange" bezeichnet wird, ihn betrogen hat. Franz Biberkopf ist aus dem Paradies vertrieben. Dies verdeutlicht auch die Fortsetzung der Paradiesgeschichte, wo Adam und Eva verflucht werden. In der Bibel heißt es, dass der Mensch von nun an hart arbeiten muss, um zu überleben. Dem Leitmotiv unmittelbar voran geht Franz Biberkopfs Entschluss, jetzt gerade nicht mehr zu arbeiten.

Reinholds erster Auftritt

Nur am Rande sei darauf hingewiesen, dass genau in dem Augenblick, in dem Franz Biberkopf rundum zufrieden ist mit sich und der Welt, Reinhold, der Repräsentant des schlechthin Bösen und Teuflischen, zum ersten Mal im Roman auftritt (vgl. 91), ohne ausdrücklich genannt zu werden. (Der aufmerksame Leser wird sich später an ihn erinnern wegen der Zitrone und der Tasse Kaffee, die er bestellt.) Dies ist typisch für die Art und Weise des Erzählers, unauffällig ein neues Motiv in den Roman einzuführen, dessen Funktion als ironische Perspektivierung erst bei wiederholter Lektüre klar wird.

Herkunft des Schnitter-Motivs

Im Zusammenhang mit Reinhold steht nun ein weiteres zentrales Leitmotiv des Romans: „Es ist ein Schnitter der heißt Tod, hat Gewalt vom großen Gott. Heut wetzt er das Messer, es schneidt schon viel besser, bald wird er drein schneiden, wir müssens erleiden." (163) Das Motiv stammt aus einem Gedicht, das sich in der Liedersammlung „Des Knaben Wunderhorn," die Clemens Brentano und Achim von Arnim herausgegeben haben, befindet. Das Bild des Schnitters als Tod spielt wiederum an auf ein aus dem Mittelalter tradierten Bild: der Tod und das Mädchen. Der als Skelett dargestellte Tod umfasst von hinten ein junges Mädchen, dessen Brüste entblößt sind, und legt die Sense an ihren Hals. Dahinter steht das alte Motiv der Allgegenwart des Todes, der auch den jungen und schönen Menschen jederzeit treffen kann.

Das Schnitter-Motiv im Roman

Zum ersten Mal erscheint dieses Leitmotiv, als Reinhold Franz Biberkopf gesteht, sogar schon bei der Heilsarmee Hilfe gesucht zu haben, um von den

Frauen loszukommen. Von diesem Augenblick an beginnt der Kampf zwischen Franz und Reinhold. Das Schnitter-Motiv deutet schon hier auf die mörderische Konsequenz dieses Kampfes hin. Die Erinnerung daran, sich Franz in seiner Schwäche offenbart zu haben, und Franz' Angeberei, ihn von seiner Vielweiberei geheilt zu haben, führen schließlich dazu, dass er sich an Franz rächt: er stößt ihn aus dem Auto. Als Franz später Herbert und Eva erzählt, wie es zu seinem Unfall gekommen ist, taucht das Schnitter-Motiv erneut auf (vgl. 202). Als eine Art Warnung und Vorausdeutung erscheint das Motiv, auf seinen Kernbestand verkürzt, dann noch einmal, als Franz sich der Fürsorge von Herbert und Eva entzieht und eine neue Wohnung anmietet, um erneut seine wiedergewonnene Kraft unter Beweis zu stellen. „Und jetzt ziehn wir die Hosen hoch, machen die Beine stramm und marschieren rein nach Berlin." (214) Vermischt mit einem anderen Leitmotiv, einem Zitat aus dem Propheten Jeremia, begegnet uns das Schnitter-Motiv in der Situation, als Franz im Gespräch mit dem Anarchisten seine „Lebensphilosophie" verkündet: „Arbeiten tu ich nicht, ich lass andere für mich arbeiten." (242) Dieses Zitat schließt im übrigen an jene Stelle an, wo Franz zu dem Entschluss kommt, nicht mehr zu arbeiten, und die mit dem Paradies-Motiv verknüpft ist (vgl. 116). Auch an diesem Beispiel zeigt sich wieder, welch dichtes Geflecht von Bezügen und Verweisen den Roman durchzieht. An der eben zitierten Stelle dient das Schnitter-Motiv erneut als Vorausdeutung angesichts des Weges, den Franz einschlägt. Situationsbezogen abgeändert erscheint das Motiv dann, als Reinhold Mieze ermordet, denn jetzt heißt es nicht mehr, „bald wetzt er das Messer", sondern „<u>nun</u> wetzt er das Messer" (310; Hervorhebung: T. S.). Und im Augenblick des Todes ist das Motiv erneut auf bezeichnende Weise abgewandelt: „Gewalt, Gewalt, ist ein Schnitter, vom höchsten Gott hat er die Gewalt." (317) An der Stelle, an der bis dahin das Wort „Tod" stand, erscheint jetzt in emphatischer Wiederholung „Gewalt". Damit deutet das Motiv auf die pure triebhafte Gewaltbereit-

Zusammenhang Schnittermotiv – Reinhold

schaft Reinholds hin. Auch an den folgenden Stellen deutet das Motiv jedesmal auf Reinhold als den Repräsentanten mörderischer Gewalt hin.

Die Prediger-Verse als Leitmotiv

Ein weiteres Leitmotiv, das zwar nur eine relativ geringe Reichweite besitzt, gleichwohl von erheblicher Bedeutung ist, ist die Paraphrase aus dem dritten Kapitel des Buchs der Prediger in dem Kapitel, in dem Reinhold Mieze ermordet. Die Paraphrase der Prediger-Verse bekommt von vorneherein einen bedrohlichen Charakter. Ihr unmittelbar voran geht ein Hinweis auf die singenden Bäume (vgl. 311). Kurz zuvor ist schon einmal die Rede davon, dass die Bäume singen (vgl. 310), und unmittelbar darauf kommt das Leitmotiv vom Schnitter. Parallel dazu steht nun die Paraphrase aus dem Buch der Prediger. „Ein jegliches, ein jegliches hat seine Zeit und alles Vornehmen unter dem Himmel hat seine Stunde" (311) wird dadurch zu einer Ankündigung von Miezes Tod. Die folgenden Verse verweisen in ihrer Polarität („geboren werden – sterben, pflanzen – ausrotten, würgen – heilen, brechen – bauen" usw.) zunächst auf den Charakter der beiden hier aufeinander treffenden Personen. Reinhold repräsentiert ohne Zweifel ein destruktives Prinzip, das bezeichnet ist durch die Begriffe „ausrotten, würgen, brechen", und Mieze ist in Charakter und Funktion bezeichnet durch die entsprechenden Gegenbegriffe „pflanzen, heilen, bauen".

Die Polarität der Prediger-Verse als Sinnbild der Polarität des Romans

Zugleich beherrschen diese Begriffsoppositionen den ganzen Roman, zum Teil bis ins Detail hinein. Die Stadt beispielsweise wird in dieser Polarität dargestellt: Leitmotivisch wiederholen sich beispielsweise die Beschreibungen der Bauarbeiten am Alexanderplatz, wo abgerissen wird und zugleich etwas Neues entsteht. Auch das Leben Franz Biberkopfs ist von dieser Polarität bestimmt, gerade auch im Hinblick auf die Rolle, die Reinhold und Mieze in seinem Leben spielen: Er begegnet in der Gestalt von Reinhold dem Würger, in der Gestalt Miezes derjenigen, die ihn zu heilen und ihm zu helfen versucht. Auch Herbert und Eva stehen für diese Eigenschaften, unabhängig davon, dass sie als Prostituierte und er als Zuhälter und Krimineller den Normen der bürgerlichen Gesellschaft widersprechen. Dass diese Verse aus dem Prediger, in zunehmend verkürzter Form, nun den Spaziergang von Reinhold und Mieze bis zur Ermordung Miezes begleiten, gibt ihnen ein besonderes Gewicht. Denn die Ermordung Miezes ist der entscheidende Schlag, den Franz Biberkopf erhält, er ist zugleich die Bedingung für seine Wandlung. In der Begegnung mit Reinhold und Mieze während seines Todeskampfs gewinnt er die Einsicht in seine Schuld, der alte Franz Biberkopf stirbt und der neue Franz Biberkopf geht aus diesem Todeskampf hervor. „Ein jegliches hat sein Jahr geboren werden und sterben" heißt es im Prediger. Dem entspricht, was Alfred Döblin in seinem Vortrag „Mein Buch ‚Berlin Alexanderplatz'" im Jahr 1932 gesagt hat:

> „Diese Welt ist eine Welt zweier Götter. Es ist eine Welt des Aufbaus und des Zerfalls zugleich. In der Zeitlichkeit erfolgt diese Auseinandersetzung, und wir sind daran beteiligt." (Alfred Döblin, Unser Dasein. München 1988, S. 412)

Auf ein letztes Leitmotiv muss noch ausführlicher eingegangen werden, das gleichfalls sehr perspektivenreich ist: das Motiv von der Hure Babylon, das aus der Offenbarung des Johannes 17,1–6 stammt. Zum Verständnis dieses Motivs ist auch hier der Kontext wichtig, in dem wir ihm zum ersten Mal begegnen. Franz Biberkopf erholt sich langsam von seiner schweren Verletzung, er kämpft gegen den Tod an und beschließt, sich gegen seine Ohnmacht aufzulehnen:

Die Hure Babylon

> „Wenn du jetzt nichts tust, Franz, nichts Wirkliches, Endgültiges, Durchgreifendes, wenn du nicht einen Knüppel in die Hand nimmst, einen Säbel, und um dich schlägst, wenn du nicht, kann sein womit, losrennst ..., dann ist es aus mit dir, restlos!" (210)

Erneut marschiert er los, das Bild von der Kobraschlange kehrt wieder, das seine wiedergewonnene Kraft signalisiert, ebenso wie die Erinnerung an seine Auseinandersetzung mit den Kommunisten, seine Einsicht, dass die Welt „nicht in Ordnung (ist)" (211). An dieser Stelle nun kommt das Bild von der Hure Babylon, „die Mutter aller Greuel auf Erden" (211). Unmittelbar darauf erfahren wir, dass Franz von Kneipe zu Kneipe zieht, um endlich wieder zu Kraft zu kommen. Das darauffolgende Kapitel ist dann überschrieben: „Dritte Eroberung Berlins" (212). Doch dieses Eroberung findet nun unter anderen Vorzeichen statt als die erste. Wollte er zunächst aller Welt zeigen, dass er anständig ist und bleibt und sich auf anständige Weise durchs Leben schlägt – dem entspricht seine naive Auffassung von der Welt als Paradies –, hat er nun alle guten Vorsätze über Bord geworfen: er wird zum Hehler. Dieser Entschluss wird begleitet von einem erneuten Auftauchen des Babylon-Motivs. Auch der nächste verhängnisvolle Entschluss Franz Biberkopfs, sein Besuch bei Reinhold, wird begleitet vom höhnischen Lachen der Hure Babylon. Ausdrücklich heißt es da: „Sie kommt aus dem Abgrund und führt in die Verdammnis." (262) Auch an dieser Stelle marschiert Franz Biberkopf durch die Stadt, um sich seine Stärke zu beweisen. Als am Ende Franz Biberkopf im Todeskampf liegt, taucht die Hure Babylon erneut auf, sie ist sich ihrer Beute sicher. Doch indem Franz Biberkopf sich zu seiner Schuld bekennt und seine grundlegend falsche Einstellung zum Leben begreift, wird ihm ein neues Leben gegeben, und die Hure ist gezwungen, ohne ihre Beute abzuziehen.

Bedeutungen des Motivs

Das Motiv der Hure Babylon hat im Roman mehrere Bedeutungen. Schon im ersten Buch klingt das Motiv an, wenn der alte Jude den Propheten Jeremia zitiert:

> „Sprach Jeremia, wir wollen Babylon heilen, aber es ließ sich nicht heilen. Verlasst es, wir wollen jeglicher nach seinem Lande ziehen. Das Schwert komme über die Kaldäer, über die Bewohner Babylons." (14)

Sinnbild des Krieges und der Eroberung

Das an dieser Stelle sehr rätselhafte und unvermittelte Zitat bekommt auf dem Hintergrund des ganzen Romans seine Bedeutung: Babylon ist Sinnbild für den Krieg, die Eroberung und die Gewalt, und von daher auf Franz Biberkopf, aber auch auf

Reinhold bezogen. Später (146) wird im Zusammenhang mit den Abrissarbeiten auf dem Alexanderplatz ausdrücklich auch auf die Zerstörung Babylons verwiesen. Von da wird ein Zusammenhang mit den großen Eroberern Cäsar und Hannibal geknüpft, die ja beide Inbegriff für Eroberertum sind. Sicher steht Babylon, dies wieder im Anschluss an die Offenbarung des Johannes, auch für die Verderbtheit und den Untergang der großen Städte. Das Bild spiegelt in dieser Bedeutung also das Bewusstsein Franz Biberkopfs wider, der in radikaler Abkehr von der Paradiesvision im sechsten Buch nun nachzuweisen versucht, dass das Leben in Berlin auf Lug und Trug gegründet ist (vgl. 216ff.). Und schließlich repräsentiert die Hure Babylon das Böse. Als das Motiv im Zusammenhang mit Biberkopfs Marsch zu Reinhold wieder auftaucht, ist zum ersten Mal von ihren „goldgelben giftigen Augen" (262; Hervorhebung: T. S.) die Rede, ein Bezug zum gelbgesichtigen Reinhold liegt nahe. Durch ihren „wampigen Hals" erhält sie zugleich eine gewisse Ähnlichkeit mit dem dicken Franz Biberkopf.

Sinnbild der Verderbtheit der großen Städte

Sinnbild des Bösen

Das Motiv der Hure Babylon ist auf vielfältige Weise mit anderen Motiven des Romans verknüpft. Wenn es etwa heißt, um nur ein Beispiel zu nennen, dass „das Weib trunken (ist) vom Blut der Heiligen" (211), dann verweist dies auf die mehrere Male wiederkehrende Vision Franz Biberkopfs:

> „Blut muss fließen, Blut muss fließen, Blut muss fließen, knüppelhageldick." (73, 74, 82)

Auf zwei weitere Leitmotive sei am Schluss noch kurz verwiesen, auf die an anderer Stelle schon ausführlich eingegangen worden ist und deren Bedeutung recht leicht zu erkennen sein dürfte: zum einen Franz Biberkopfs Vision der „schwankenden Dächer," zum anderen die Kriegslieder, die Franz wiederholt durch den Kopf gehen und im Zusammenhang damit die Marsch- und Kriegsmotive.

Resonanz als Erzählprinzip

Netz von Verweisungszusammenhängen

Wir haben gesehen, dass die zahlreichen das Erzählkontinuum durchbrechenden Elemente des Romans, so unvermittelt sie erscheinen mögen, doch in einem engen Sinnzusammenhang mit der Geschichte von Franz Biberkopf stehen. Dem aufmerksamen Leser wird nicht entgehen, dass der Roman darüber hinaus eine Vielzahl weiterer Verweisungszusammenhänge aufweist, für die an dieser Stelle nur einige Beispiele genannt werden können.

Wetterberichte

Wie im traditionellen Roman übernimmt in „Berlin Alexanderplatz" das Wetter häufig symbolische Funktion. Besonders deutlich wird dies, wenn der Erzähler den Zusammenhang selber herstellt. So lautet beispielsweise eine Kapitelüberschrift im siebenten Buch: „Der Zweikampf beginnt! Es ist Regenwetter." (276) Und zu Beginn desselben Buchs, in dem Mieze von Reinhold ermordet wird und das mit einem Sturm endet, wird ausdrücklich auf das miserable Wetter verwiesen.

Beispiele für Motivverflechtung

Am Ende des achten Buchs schießt Franz Biberkopf auf einen Polizisten (vgl. 368). Diese verzweifelte Tat wird durch eine ganze Reihe von Andeutungen im Text vorbereitet. Als er während seiner Genesung nach der Operation Zeitung liest, fällt ihm auch eine Nachricht über „kugelsichere Panzerwesten für Kriminalbeamte" (206) ins Auge. Und kurze Zeit später lügt er Meck eine Geschichte von einer Schießerei mit der Polizei vor, bei der er seinen Arm verloren habe. (216) Doch schon zu einem früheren Zeitpunkt taucht das Motiv auf. Als der Hausmeister Gerner von der Polizei festgenommen wird, heißt es:

> „Die Bluthunde, wenn ich einen Revolver hätte, kriegten die mich nicht lebendig raus, die Bluthunde." (137)

Im sechsten Buch wird von zwei Bauarbeitern berichtet, die sich über einen Artikel in der B.Z. unterhalten, in dem es um eine „entsetzliche Familientragödie in Westdeutschland" (223) geht. Der eine von den beiden weist entschieden die Vermutung seines Kollegen zurück, dass der Vater, der seine drei Kinder ermordet hat, sich mit „Gewissensbissen" herumschlägt. „Wenn det ein so rabiater Kerl ist, dann schläft der auch gut und isst und trinkt vielleicht besser als draußen." (224) Der Bezug zu Franz Biberkopf, der gleichfalls wenig Gewissensbisse verspürt, Ida erschlagen zu haben, ist unübersehbar. Das gute Gewissen geht einher mit einem Hinweis auf die vorzüglich funktionierenden vegetativen Funktionen. Im einen Fall ist vom Essen und Trinken die Rede, im Falle von Franz Biberkopf heißt es drastischer:

> „Er aber hat seine vier Jahre abgemacht. Der sie getötet hat, geht herum, lebt, blüht, säuft, frisst, verspritzt seinen Samen, verbreitet weiter Leben." (88)

Von dieser Textstelle lässt sich wiederum ein Bogen schlagen zum sechsten Buch. Gleich zu Beginn begibt sich der Erzähler, „der sich viel mit den kleinen Existenzen befasst", in den vornehmen Westen, um zu sehen, „was es da gibt." (273) Er schildert witzig und minutiös, wie zunächst ein „junger, dicker Herr" im Erfrischungsraum des Arbeitsgerichts sein Mittagessen zu sich nimmt, und anschließend den Verdauungsvorgang. Anstatt zu erzählen, was im Berliner Westen anders ist als bei den kleinen Leuten im Berliner Osten, widmet er sich dem Verdauungsvorgang, d.h. den elementaren körperlichen Funktionen des Menschen, von denen auch im Zusammenhang mit dem Totschläger Franz Biberkopf und dem Vater, der seine Kinder tötet, die Rede ist.

Zwei letzte Beispiele für den Roman durchziehende Verweisungszusammenhänge seien genannt. Wenn an einer Stelle folgende Schlagerzeilen zitiert werden: „Ja, die Frauen sind meine schwache Seite, sie sind die Stelle, wo ich sterblich bin, küss ich die erste, denk ich an die zweite und schau verstohlen schon zur dritten hin" (209), dann ist dies eine kaum zu übersehende Anspielung auf Reinhold. Und wenn zu Beginn des achten Buchs, kurz nachdem Mieze ermordet worden ist, erzählt wird von zwei Männern und einer „molligen Nutte"

(325), die sich in einem Café amüsieren, dann lässt sich sowohl ein Zusammenhang herstellen zwischen diesen dreien und dem Ausflug von Reinhold, Karl und Mieze, im Kapitel zuvor. Zugleich erinnert die hier dargestellte Konstellation aber auch an die Konstellation Franz, Mieze, Reinhold.

Funktion der Verweisungszusammenhänge

Diese Liste von Beispielen für mehr oder weniger versteckte Bezüge ließe sich beliebig verlängern. Zu fragen ist, welche Funktion dieses Verweisungszusammenhänge haben. Auf den ersten Blick erscheint der Roman in seiner Zerstückelung, in seinem Assoziationsreichtum, in der Unvermitteltheit, mit der die entlegensten Realitätsbereiche in den Roman einmontiert werden, ein Ausdruck für die Zusammenhanglosigkeit und das Chaos der Welt zu sein. Tatsächlich aber ging es Döblin im Gegenteil darum, in der Welt verborgene Bezüge aufzudecken,

Aufdeckung verborgener Bezüge

die Welt in einer universalen Korrespondenz darzustellen. Nichts geht in der Vereinzelung und Isolation auf, sondern alles steht in einem freilich dunkel bleibenden Zusammenhang. Zur Charakterisierung dieses universalen Zusammenhangs hat Döblin den Begriff der Resonanz in seinem großen naturphilosophischen Werk „Unser Dasein", auf das noch einmal genauer einzugehen ist (s. S. 108f.), eingeführt, um das Verhältnis des Menschen zur Welt darzustellen. Der Literaturwissenschaftler Albrecht Schöne hat in seiner Interpretation des Romans gezeigt,

Das Prinzip der Resonanz

dass das Prinzip der Resonanz sich auf die Erzählprinzipien des Romans übertragen lassen.

> „‚Das meiste', schrieb Döblin, ‚klingt als dunkle Resonanz in uns an, bewegt uns, aber wir wissen nicht, was es ist'. Eben diese Vorstellung vom Verhältnis des Menschen zur wirklichen Welt bestimmt die Erzählprinzipien seines Romans. Eben darauf beruht es, dass in ‚Berlin Alexanderplatz' das einander Zugeordnete, aufeinander Bezogene häufig doch ohne logischen Sinnzusammenhang bleibt, als bloß formale Koordinierung und sinnlose Assoziation erscheint: dunkle Resonanz, die der Einsicht sich entzieht und mit dem Reiz des Verborgenen wirkt."
> (Albrecht Schöne, Döblin. Berlin Alexanderplatz. In: Benno von Wiese [Hrsg.], Der deutsche Roman. Vom Realismus zur Gegenwart. Düsseldorf 1963, S. 308f.)

Franz Biberkopfs Rettung

Das letzte Buch des Romans erzählt von der Rettung Franz Biberkopfs und von seiner Wiedergeburt als Franz Karl Biberkopf, der einen Neuanfang als Hilfsportier in einem mittleren Betrieb versucht. Die Einsicht Franz Biberkopfs in seine Schuld und sein verfehltes Leben ist aber nicht das Ergebnis eines langsamen Entwicklungsprozesses wie im klassischen Entwicklungsroman, sondern findet in einer Auseinandersetzung mit der Gestalt des Todes statt, die ihn dazu zwingt, sich seiner Schuld zu stellen. Der Weg Franz Biberkopfs, von tiefer Todessehnsucht hin zur Wiedergeburt, lässt sich angemessen nur verstehen auf dem Hintergrund von Döblins Naturphilosophie, die er am ausführlichsten in seiner Schrift „Unser Dasein" darstellt, die etwa zur selben Zeit entstanden ist wie „Berlin Alexanderplatz" und 1933 als sein letztes Buch vor der Emigration in Deutschland erschienen ist. Alfred Döblin war kein Schulphilosoph, und seine philosophischen Schriften spielen in der Philosophie heute keine Rolle. Er hat aber einmal bemerkt, dass seine Romane seinen philosophischen Reflexionsstand widerspiegeln, so dass der Versuch, einen Zusammenhang zwischen Roman und philosophischem Werk herzustellen, naheliegt.

Franz Biberkopfs Rettung und Döblins Naturphilosophie

Zunächst aber ist es sinnvoll, sich noch einmal Franz Biberkopfs Situation zu Beginn des neunten Buchs vor Augen zu führen. Er hat drei schwere Schläge erhalten, nachdem er sich zunächst voller Selbstbewusstsein und überzeugt von der eigenen Stärke auf den Weg gemacht hat. Auf jeden Schlag hat er mit Rückzug reagiert, in den Schlaf, in den Alkohol, und zum Schluss sucht er den Tod, wenn er bei der Razzia auf einen Polizisten schießt. Sowohl die surrealistisch anmutenden Begegnungen Franz Biberkopfs mit den Selbstmördern auf dem Friedhof (vgl. 350 ff.) als auch die Äußerung des Engels Terah (vgl. 356) deuten darauf hin, dass er den Tod sucht. Als er in die Irrenanstalt Buch eingeliefert wird, verweigert er jede Art der Kommu-

Franz Biberkopf zu Beginn des 9. Buchs

nikation, nimmt keine Nahrung zu sich, er will sterben, um sich seiner Verantwortung zu entziehen. Sowohl das selbstbewusste Auftreten („mir kann keener") als auch der Rückzug aus der Welt sind zwei Verhaltensweisen, in denen sich Franz Biberkopfs Hochmut manifestiert. In seiner Verweigerung reduziert sich Franz Biberkopf schließlich auf die Stufen des Tierischen, Pflanzlichen, er löst sich gleichsam in der Natur auf.

> „Die Mäuse laufen, Franz ist eine Feldmaus und läuft mit. (...) Franzens Seele gibt ihre Pflanzenkeime zurück." (386 f.)

Die doppelte Rolle des Todes

In dieser Situation kommt der Tod und nimmt den Kampf mit Franz Biberkopf auf. Es zeigt sich nun, dass sich hinter jener anonym bleibenden Stimme, die sich von Anfang an immer wieder an Biberkopf wendet und der er mit Schweigen oder mit Hochmut begegnet, der Tod verbirgt, der sich nun zu erkennen gibt. Der Tod stellt sich Franz mit etwas rätselhaften Worten vor: „Ich bin kein bloßer Mähmann, ich bin kein bloßer Sämann." (387) Und weiter unten heißt es dann: „Ich bin das Leben und die wahre Kraft." (388) Das heißt der Tod ist nicht einfach das physische Ende, sondern die Bedingung für neues Leben. Das erste Zitat macht ja deutlich, dass der Tod vernichtet („Mähmann") und gleichzeitig pflanzt. (Vgl. in diesem Zusammenhang im übrigen die Begriffsoppositionen in der Prediger-Paraphrase.) Zunächst scheint der Tod aber nichts anderes zu beabsichtigen, als Franz Biberkopf endgültig zu zerstören. Hier klingt das Schlachthof-Motiv wieder an. Seine Stimme „(zieht) wie eine Säge. Ganz langsam fährt sie an, dann fährt sie tief ins Fleisch" (387). Als Franz sich weigert, sich vom Tode helfen zu lassen –

> „Komm, nähere dich mir, damit du mich <u>siehst</u>, Franz, sieh, wie du unten in einem Abgrund liegst, ich will dir eine Leiter zeigen, da findest du einen neuen <u>Blick</u>" (389, vgl. Hiob-Paraphrase; Hervorhebung: T. S.)

–, schlägt der Tod mit einem Beil auf den schreienden Franz ein.

> „Es werden auf dem Block geschlagen von seinem Körper Stück um Stück. (...) Das Beil wirbelt in der Luft. Er wird Zentimeter um Zentimeter zerhackt." (390)

Der Tod herrscht Franz Biberkopf an: „Bist ja nich geboren, Mensch, bist ja garnich uff die Welt jekomm. Du Missgeburt mit Wahnideen." (392) Franz Biberkopf scheint vollkommen vernichtet. Doch dann passiert etwas im Inneren von Franz: „Und wie Franz die Augen zugemacht hat, fängt er an, etwas zu tun." (392) Nachdem er sich gleichsam in der Natur aufgelöst hat (vgl. 387), findet nun der umgekehrte Prozess statt: aus der Natur formt sich erneut die Gestalt des Ich:

> „Der ruft und zieht und wandert. Der ruft alles zusammen, was zu ihm gehört. Er geht durch die Fenster auf die Felder, er rüttelt an den Gräsern, er kriecht in die Mauselöcher: Raus, raus, was is denn hier, is was von mir hier? Und schüttelt an dem Gras: Raus aus dem Kartoffelsalat, wat soll der Quatsch, hat alles keen Sinn, ich brauch euch, ich kann keenen beurlauben, bei mir is zu tun, mal lustig, ich brauch alle Mann." (392f.)

Der Tod als Voraussetzung zur Selbsterkenntnis des Menschen

Der Tod ist also insofern „Mähmann," als er dem Menschen seine Schwäche, seine Zerbrechlichkeit vor Augen führt, indem er ihn auf die elementarsten Stufen der Existenz reduziert, zu einem Stück Natur, das keinerlei Individualität besitzt. Indem der Mensch sich der Tatsache bewusst wird, ein Teil der Natur zu sein, aufgehoben zu sein in einem Zusammenhang, ist nun in einem neuen Schritt die Möglichkeit der Individuation gegeben, d.h., jetzt kann der Mensch aus der Natur treten und ihr als Individuum mit einem eigenen Willen begegnen. Aus dem „Ich in der Natur wird das Ich gegen die Natur". Insofern der Tod diese Voraussetzung bei Franz Biberkopf schafft, ist er zugleich „Sämann". Wenn Franz Biberkopf im nächsten Abschnitt das anaphorisch wiederholte „Herankommen lassen" durch den Kopf geht, dann zeigt dies, dass er begriffen hat, dass er nicht mehr in der krampfhaften Isolierung und Selbstbehauptung, die sein Verhalten bis dahin geprägt hat, verharren darf, sondern sich als Teil eines Ganzen begreifen muss. Dass es sich hierbei um eine Art Wiedergeburt von Franz Biberkopf handelt, macht das merkwürdige Bild von dem Brot, das in den Ofen geschoben wird, deutlich.

Grundlegende naturphilosophische Annahmen Döblins

Was im Roman an Franz Biberkopf vorgeführt wird, hat Döblin in „Unser Dasein" ausführlich entwickelt. Dort wird der Mensch in seiner Entzweiung dargestellt, die Döblin als ein Lebensprinzip ansieht. Er unterscheidet das Ich in seiner Einzigartigkeit, seiner Individualität, in seinem individuellen Fühlen, Erleben und Empfinden von der „Person" als „organische Gestalt", d.h. als ein der Natur verhaftetes Wesen. Die Individuation des Menschen, so behauptet Döblin, muss immer unvollständig bleiben.

> „Es gibt keinen Einzelkörper, er ist von vornherein organisch bezogen auf andere, auf vieles, im Zusammenhang. Wir sind hier geglitten auf die Ergänzung zum Satz von der Individuation. Neben die Vereinzelung aller Wesen stellt sich die Verbundenheit aller, neben das Prinzip der Individuation das Prinzip der Kommunion. Die Welt zerfällt nicht in Individuen. Das Individuum ist nicht vollständig zu einem wirklichen Individuum geworden, sondern bleibt mit der gemeinsamen Welt verbunden." (69f.; Hervorhebung: T. S.)

Döblin zieht daraus folgende Konsequenz:

> „Es gilt gegenüber einer Übertreibung unserer Vereinzelung und zufälligen Ding- und Personegestalt unsere Lagerung in dem wirklichen großen natürlichen Prozess zu erkennen. Diese Erkenntnis trommelt und hämmert: das Sein ist nur – im ständigen Anderssein." (70f.)

Damit fordert Döblin, dass der Mensch sich seiner Widersprüchlichkeit immer bewusst bleibt. An anderer Stelle bezeichnet Döblin das Ich als eine „Höhle," er meint damit das Ich in seiner Einsamkeit und Isolation.

> „Da wäre die völlige Verzweiflung, und jeder, jedes müsste in sich ersticken, wie Bakterienkulturen in ihren eigenen Abfällen verderben, wenn man sie nicht auf neue Nährböden überimpft." (61)

Um diese Verzweiflung zu überwinden, bedarf es der Hinwendung zum anderen Ich.

> „Wir sind mit ihm zusammen da, und wir haben für ihn, für dies andere Ich, das wir nun anerkannt haben, das Wort Du, das die mächtigste und großartigste Befreiung aus der Höhle ist. Und wenn wir die Augen gut offen haben, so finden wir die Welt voller Du, in vielen Gestalten." (62 f.)

Hier klingen schon ethische Konsequenzen aus den naturphilosophischen Überlegungen an, die in „Berlin Alexanderplatz" anschaulich werden. Es kommt darauf an, sich als Teil eines Organismus, womit auch die menschliche Gemeinschaft gemeint ist, zu begreifen und sich dem anderen zuzuwenden. Diesen Erkenntnisprozess vollzieht Franz Biberkopf in der Begegnung mit den Menschen, die für sein Leben eine besondere Rolle gespielt haben. Der Tod zwingt ihn dazu, sich seiner Lebensgeschichte zu stellen, eine Art Bilanz zu ziehen, seine Schuld anzuerkennen, zu bereuen und sich zugleich als Teil der Gemeinschaft und in seiner Bedingtheit durch die Gemeinschaft wahrzunehmen. Dieser Erkenntnisprozess ist Voraussetzung für ein neues Leben, das im letzten Kapitel des Romans aufscheint.

Franz Biberkopfs Erkenntnisprozess

Dieses letzte Kapitel hat massive Kritik und sehr kontroverse Interpretationen provoziert, die an dieser Stelle nicht im Einzelnen referiert werden können. Die Kritik läuft darauf hinaus, dass mit den Schlussgedanken die Sprach- und Bewusstseinssphäre einer kleinen Proletarierexistenz durchbrochen werde, der neue Personenstatus, den Biberkopf gewonnen habe, werde durch die Beschwörung eines sozialistischen Kollektivmythos zerstört, aus linker Perspektive wird kritisiert, dass der Schluss des Romans keine klare revolutionäre Perspektive aufweise. Dies hänge damit zusammen, dass Döblin letztlich in bürgerlichem Individualismus verharre und ihm die individuelle Veränderung wichtiger erscheine als ein klares politisches Programm.

Kritik am Schlusskapitel

Zusammenfassend lässt sich sagen: das Schlusskapitel erscheint als eine Umsetzung der naturphilo-

Der Schluss als ethische Konsequenz aus den naturphilosophischen Einsichten

sophischen Lehren Döblins in den gesellschaftlichen Bereich. Die schlechte Alternative von der Abkapselung des Einzelnen und dem unkritischen Mitlaufen im Kollektiv wird aufgehoben. In der Gemeinschaft mit den anderen findet der Mensch sich selbst. Die gesellschaftliche Solidarität bedeutet aber gerade nicht das kritik- und distanzlose Aufgehen in einem Kollektiv. Wenn am Ende noch einmal, kursiv gesetzt, das Bild der in den Krieg ziehenden Truppen beschworen wird, dann wird der Krieg als eine Realität dargestellt, der Franz Biberkopf mit seinem Wissen begegnet.

> „Wir wissen, was wir wissen, wir habens teuer bezahlen müssen." (410)

Diese neu gewonnene Einsicht Franz Biberkopfs lässt sich mit einem Satz aus Alfred Döblins großem gesellschaftskritischen Essay „Wissen und Verändern", der 1931, also nur kurze Zeit nach „Berlin Alexanderplatz," erschienen ist, illustrieren:

> „Der Einzelne hat sein ganzes Ich einzusetzen, aber eben dabei findet er sich eingebettet in eine natürliche und gesellschaftliche Realität, die er mit sehr vielen ausmacht. Diese Realität ist es, die er umgestalten muss, wenn er sich entwickelt und ganz darstellen will." (Alfred Döblin, Der deutsche Maskenball von Linke Poot. Wissen und Verändern. Olten und Freiburg i.B., 1978, S. 201 f.)

In dieser Realität ist aber kein Platz mehr für den Schicksalsglauben, mit dem Franz Biberkopf sein Unglück zu erklären versucht.

Formale Aspekte

„Berlin Alexanderplatz" gilt als eines der repräsentativen Werke der klassischen Moderne, das häufig in eine Reihe mit Romanen wie „Ulysses" des irischen Schriftstellers James Joyce oder „Manhattan Transfer" des amerikanischen Schriftstellers John Dos Passos gestellt wird. Die genannten Werke haben neue und die Leserschaft in erheblichem Maße irritierende Erzählverfahren entwickelt, die mit der Erzähltradition des realistischen Romans des 19. Jahrhunderts radikal brechen. Auch „Berlin Alexanderplatz" lässt sich als eine Art Kompendium moderner Erzählverfahren lesen. Wir haben bereits bei der Inhaltszusammenfassung und der Darstellung der thematischen Schwerpunkte des Romans festgestellt, dass das Erzählkontinuum immer wieder unterbrochen wird, dass Elemente der unterschiedlichsten Herkunft in den Roman einmontiert werden, dass der Roman eine Vielfalt von Stilebenen aufweist, dass der Erzähler in ständig wechselnde Rollen schlüpft und seinen Assoziationen freien Lauf lässt, dass aus verschiedenen Perspektiven erzählt wird, mal die Bewusstseinsvorgänge der Personen wiedergegeben werden, dann wieder aus der Außenperspektive dargestellt wird. Diese Verfahren, die zum Teil ineinander übergehen und eng miteinander zusammenhängen, und ihre jeweilige Funktion gilt es im Folgenden genauer zu untersuchen.

„Berlin Alexanderplatz" und die klassische Moderne

Kompendium moderner Erzählverfahren

Erzähler und Erzählperspektive

Schon mit dem ersten Satz des Romans in der Vorrede tritt der Erzähler in Erscheinung, indem er sich an den Leser wendet und ihm mitteilt, worum es im Roman gehen wird. Er tritt auf wie ein Moritatensänger, der sich anschickt, dem Publikum

Der Erzähler als Moritatensänger

eine lehrreiche Geschichte darzubieten. Damit bekommt der Roman von vorneherein einen didaktischen Charakter und der Held des Romans erhält einen exemplarischen Rang. Dieses Erzählmodell hat eine durchaus lange Tradition, schon im Mittelalter begegnen wir dem Erzähler, der seiner Erzählung eine didaktische Gebrauchsanweisung voranschickt.

Die Vorreden nehmen Handlung vorweg

Dieser Erzählgestus setzt sich im weiteren Verlauf des Romans fort, wenn der Erzähler jedem Buch eine Vorrede vorausschaltet, in der er wesentliche Punkte der folgenden Handlung vorwegnimmt. Dies macht deutlich, dass es ihm weniger darum geht, Spannung auf den Ausgang der Geschichte zu erzeugen, sondern vor allem darum, die Aufmerksamkeit des Lesers auf die Bedeutung des Erzählten zu richten. Hier liegt im Übrigen eine gewisse Verwandtschaft mit der Theorie des epischen Theaters von Bertolt Brecht vor, der durch ähnliche Verfahren gleichfalls die Aufmerksamkeit des Zuschauers auf das Wie der Darstellung lenken wollte.

Verwandtschaft mit Brechts „epischem Theater"

Brecht hat sich im Hinblick auf seine Theatertheorie auch ausdrücklich auf Döblins Theorie und Praxis des Epischen bezogen. Der Erzähler hält freilich zuweilen auch mit seinem Wissen hinter dem Berg. Gerade vor jenen Kapiteln, in denen besonders wichtige Ereignisse erzählt werden, erzeugt er dadurch eine gewisse Neugierde, indem er nur Daten nennt (vgl. 176 ff., Reinhold stößt Franz aus dem Auto; 309 ff., Miezes Tod).

Der Erzähler tritt auch dann als Moritatensänger in Erscheinung, wenn er am Ende eines Kapitels oder Buchs den Stand der Dinge zusammenfasst (vgl. beispielsweise 269 f.). Diese Erzählerrolle erscheint freilich immer wieder ironisch gebrochen, wenn der Erzähler seine moritatartigen Einlassungen – zum Teil recht unbeholfen – rhythmisiert und mit Reimen versieht.

Ironische Brechung der Erzählerrolle

Ohnehin weist der Roman viele Stellen auf, die auf ein ironisches Spiel mit der Erzählerrolle hinweisen. Da findet sich beispielsweise im zweiten Buch im Anschluss an das Geständnis des Erzählers, dass ihm unter allen Hühnern Brathühner die liebsten seien, ein Zitat aus Brehms Tierleben über

Hühnervögel, das nun anscheinend wirklich nichts mehr mit der Handlung des Romans zu tun hat. Das wird auch dem Erzähler klar, der eingesteht, dass es sich bei dieser Abschweifung um „(eine) für Berlin ziemlich unfruchtbare Bibliotheksweisheit" (117) handelt. Ironisch ist dieses Spiel insofern, als der Erzähler das, was er für erwähnenswert hält, im nächsten Satz als unwichtig und der Erwähnung eigentlich nicht wert dementiert. Der Leser wird sich über diesen undisziplinierten und unzuverlässigen Erzähler amüsieren oder irritiert sein. Beurteilen wird man dieses Erzählerverhalten auf sehr unterschiedliche Weise. Einerseits könnten solche Abschweifungen ein Zeichen sein für ein nicht mehr kontrolliertes Spiel der Assoziationen, deren sich auch der Erzähler nicht zu erwehren weiß. Andererseits wird man gerade darin ein Zeichen für die ungebrochene Souveränität des Erzählers sehen können, der sich dem Zwang eines eindimensionalen, allein auf die Handlung konzentrierten Erzählens nicht unterwirft.

Ungebrochene Souveränität des Erzählers

Im Kapitel „Lokalnachrichten" im fünften Buch macht der Erzähler den Leser darauf aufmerksam, dass „im Renaissancetheater unter reichen Jubiläumsehren das Stück ‚Cœur-Bube', diese reizende Komödie, in der sich anmutiger Humor mit tieferem Sinn vereinigt, nun schon zum 100. Mal gespielt worden [ist]" (168). Dann stellt der Erzähler in einem witzig-absurden Exkurs Überlegungen darüber an, was die Berliner dazu veranlassen könnte, dieses Theaterstück nicht zu besuchen. Nach diesem ironisch als „lehrreich" bezeichneten Exkurs kehrt der Erzähler wieder zu Franz Biberkopf zurück, nicht ohne darüber zu spekulieren, „dass auch für diese Mitteilungen nur ein kleiner Interessentenkreis vorhanden ist" (170). Im Unterschied aber zu dem Theaterstück will er hier die „Ursachen davon nicht erörtern" (170). Eigentlich hätte es ja hier, bei seiner Geschichte, viel näher gelegen, diesen Ursachen nachzugehen, als bei dem Theaterstück.

An solchen Stellen erweist der Erzähler sich als frei schaltender und waltender auktorialer Erzähler, der das Geschehen nach Belieben unterbricht,

Der auktoriale Erzähler

kommentiert, arrangiert und ständig mit seiner Erzählerrolle spielt.

Im letzten Buch berichtet der Erzähler, dass es mit Reinhold ein böses Ende nimmt, teilt aber dem Leser mit, dass er dieses Kapitel ruhig überschlagen könne. Er befriedigt damit das Bedürfnis des Lesers nach poetischer Gerechtigkeit, wie er sie aus der Literatur kennt, macht sich aber gleichzeitig über dieses Bedürfnis lustig. Diese Befriedigung enthält er dem Leser übrigens vor, als er zu Beginn des sechsten Buchs ausdrücklich betont: „Ein anderer Erzähler hätte dem Reinhold wahrscheinlich jetzt eine Strafe zugedacht, aber ich kann nichts dafür, die erfolgte nicht." (192) Hinter dieser Erzählerbemerkung steckt aber nicht nur die Lust, mit der Erzählerrolle zu spielen, sondern durchaus auch eine Absage an harmonisierende Wirklichkeitsdarstellungen. In der Realität geht es eben nicht so gerecht zu, wie der Leser sich dies wünschen mag. Stattdessen heißt es in der Überschrift des Kapitels: „Unrecht Gut gedeihet gut." (191)

Ironische Distanzierung gegenüber dem Helden

Eine ironische und etwas herablassend wirkende Distanzierung des Erzählers zu seinem Helden wird deutlich, wenn er gleich zu Beginn des Romans von „unserem guten Mann" (7) spricht und sich auf diese Weise über den Kopf seines Helden mit dem Leser verständigt. Immer wieder nimmt der Erzähler zum Erzählten Stellung, kommentiert und reflektiert das Geschehen. Zu Beginn des sechsten Buchs wird diese Erzählerhaltung besonders deutlich. Nachdem Franz von Reinhold aus dem Auto gestoßen und überfahren worden ist, hält der Erzähler zunächst einmal inne und reflektiert darüber, dass Franz Biberkopf insofern ein gewöhnlicher Mann ist, als der Leser sich mit ihm identifizieren kann. Der Erzähler bekennt dann, dass er mit Kommentaren nicht sparen wird, obwohl das nicht üblich sei. Er gesteht also ausdrücklich zu, dass er mit seinen ständigen Eingriffen eine Erzählnorm verletzt, und zwar die, dass der Erzähler hinter dem Erzählten verschwinden müsse, dass der epische Bericht durch nichts unterbrochen werden dürfe. Anschließend fasst er das bisherige Geschehen noch einmal knapp zusammen und be-

Reflexion auf die eigene Erzählerrolle

wertet Franz Biberkopfs Verhalten, der die „redlichsten Bemühungen gemacht hat, seinen ordentlichen erlaubten und gesetzlichen Weg zu gehen" (191). Darauf folgt die Frage nach dem Sinn dieses Unglücks. Und am Ende des Abschnitts blickt der Erzähler in die Zukunft, indem er dem Leser mitteilt, dass er schon einiges weiß, und verspricht ihm eine „langsame Enthüllung", eine Antwort also auf die Frage nach dem Sinn des Unglücks.

Wir sehen hier also den Erzähler, der seine Rolle als allwissender, souverän über seinen Gegenstand verfügender, auktorialer Erzähler spielt und durchaus nicht, wie manchmal behauptet wird, in der chaotischen Welt, die er darstellt, den Überblick verliert. Das Spiel mit der Erzählerrolle, das wir an verschiedenen Stellen des Romans beobachten können, ist nicht neu, sondern begegnet uns in der Geschichte des Romans schon im 18. Jahrhundert, vor allem im englischen und im französischen Roman, aber auch im deutschen Roman etwa bei Jean Paul, die allesamt ihr humoristisches Spiel mit dem Leser und seinen Erwartungen treiben und sich damit zugleich von bestimmten Traditionen des Erzählens absetzen, etwa eine Geschichte geradlinig und ohne Abschweifungen zu erzählen.

Humoristisches Spiel mit dem Leser

Döblin hat in seinem großen Aufsatz „Der Bau des epischen Werks", der in die Zeit von „Berlin Alexanderplatz" gehört, ausdrücklich darauf hingewiesen, dass er lange Zeit strikter Gegner auktorialen Erzählens gewesen sei, dass er aber mittlerweile die Auffassung vertrete, dass der Erzähler mitsprechen dürfe, ja müsse. Damit greift er zurück auf eine Romantradition, die weit ins 18. Jahrhundert zurückreicht.

Anknüpfung an die Erzähltradition des 18. Jahrhunderts

Was Döblins Roman nun von der Erzähltradition des klassisch realistischen Romans des 19. Jahrhunderts entfernt, ist der ständige Wechsel der Erzählperspektiven und der Darstellungsmodi. Epischer Bericht, Erzählerkommentar, das Gespräch des Erzählers mit dem Leser oder sogar mit den Romanpersonen wechseln ab mit der Erzählung aus der Innenperspektive, sei es in der Form des inneren Monologs oder der erlebten Rede, und der

Differenz zum realistischen Roman des 19. Jahrhunderts

Erzählfluss wird immer wieder abrupt und scheinbar unmotiviert unterbrochen von fremden Texten, Bibelzitaten bzw. -paraphrasen, Zeitungsartikeln, Schlagertexten, Klassikerzitaten, Inseraten usw.

Erlebte Rede und innerer Monolog

Franz Biberkopfs Realitätswahrnehmung

Im Gegensatz zum durchaus souverän über seinen Stoff verfügenden allwissenden Erzähler steht die Realitätswahrnehmung von Franz Biberkopf. Wie bereits ausgeführt worden ist, stellt sich für Franz Biberkopf die Großstadt als ein intellektuell kaum zu bewältigendes Chaos dar. Um solche radikal subjektiven Wahrnehmungen darstellen zu können, bedurfte es neuer Erzähltechniken. Bereits im Roman des 19. Jahrhunderts sind erzähltechnische Verfahren entwickelt worden, mit denen die Handlung des Romans aus der unmittelbaren Erlebnisperspektive der Figuren dargestellt wird. Sinn dieser Verfahren ist es, Welt nicht mehr aus der olympischen Perspektive eines allwissenden Erzählers darzustellen, die dadurch einen quasi objektiven Zusammenhang, eine durch den Erzähler verbürgte Ordnung erhält, sondern die Wahrnehmung von Welt radikal auf eine subjektive Perspektive zu reduzieren.

Erzählen aus der Erlebnisperspektive des Helden

Erlebte Rede

Zunächst ist hier als Verfahren die erlebte Rede zu nennen. Bei diesem Verfahren wird die Realität als unmittelbare Wahrnehmung der Romanperson dargestellt, die Form des epischen Berichts bleibt zwar erhalten, der Erzähler tritt aber nicht mehr als eine das Geschehen ordnende und vermittelnde Instanz in Erscheinung. Erzählt wird in der dritten Person und im Präteritum, d.h. im Modus des epischen Berichts, dargestellt werden dabei aber unmittelbar die Bewusstseinsinhalte der Person, etwa wenn es im fünften Buch heißt: „Richtet Reinhold seine Pupillen auf Franz, – ganz zerschlagen sieht der Junge aus, wenn der man nicht losplärrt." (162) Der erste Teil des Satzes ist epischer Bericht, wenngleich der Erzähler sich an dieser Stelle wie so oft dem Jargon seiner Helden anpasst, im zweiten Teil des Satzes findet dann ein Perspektivenwechsel statt, der Leser erfährt, wie Franz in diesem Augenblick Reinhold wahrnimmt. Diese Verfahren begegnet uns in „Berlin Alexanderplatz" immer wieder, spielt aber im Roman bei weitem nicht die Rolle, die der innere Monolog als Technik zur Darstellung von Bewusstseinsvorgängen spielt. Der innere Monolog geht als literarische Technik noch einen Schritt weiter als die erlebte Rede. Im Gegensatz zum klassischen Roman, in dem auch das Selbstgespräch dialogisch angelegt ist, nach logisch-rationalen Mustern verläuft und sich im Hinblick auf die Sprache im allgemeinen keine Normenverstöße zuschulden kommen lässt, versucht der innere Monolog, die unstrukturiert und assoziativ verlaufenden Gedanken einer literarischen Figur wiederzugeben. Der innere Monolog ist eine literarische Technik, die konsequent zum ersten Mal von dem heute fast vergessenen französischen Schriftsteller Edouard Dujardin eingesetzt und von ihm auch in einem Essay dargestellt worden ist. Äußerst extensiv geht James Joyce mit diesem Verfahren in seinem Roman „Ulysses" um, dessen gesamtes letztes Kapitel aus einem inneren Monolog besteht. Da dieser Roman nur wenige Jahre vor „Berlin Alexanderplatz" erschienen ist, hat so mancher Kritiker an Döblin den Vorwurf des Plagiats, der billigen Nachahmung von Joyce gerichtet. Abgesehen davon, dass Döblin den Roman von Joyce wohl erst zu einem Zeitpunkt kennen lernte, als „Berlin Alexanderplatz" schon zum größten Teil fertig gestellt war, verkennen solche Kritiker, dass die radikalisierte Reduktion der Perspektive auf die unstrukturierte Wahrnehmung einer Person eine schon im Realismus einsetzende Betonung der Subjektivität von Wahrnehmung konsequent fortführt. Der innere Monolog stellt die Person in ihrer Triebhaftigkeit dar, Bewusstseinsinhalte treten gleichsam unzensiert an die Oberfläche, während das klassische, am dramatischen Monolog orientierte Selbstgespräch im Roman meist durch Formeln wie etwa „sagte er sich" eingeleitet, den Menschen in seiner rationalen Reflexionsfähigkeit

Innerer Monolog

zeigt. Das Bewusstsein scheint beim inneren Monolog völlig die Herrschaft verloren zu haben. Wild wuchern die Assoziationen, Gedichtzitate, Schlagerzeilen treten plötzlich an die Oberfläche und ergeben ein manchmal nur noch schwer nachvollziehbares und unkoordiniertes Gedankengemisch. Epischer Bericht, erlebte Rede und innerer Monolog gehen in „Berlin Alexanderplatz" oft übergangslos ineinander über. Ein Beispiel dafür begegnet uns gleich zu Beginn des ersten Buchs.

Ständiger Wechsel der Darstellungsformen

„(a) Schreck fuhr in ihn, als er die Rosenthaler Straße herunterging und in einer kleinen Kneipe ein Mann und eine Frau dicht am Fenster saßen: (b) die gossen sich Bier aus Seideln in den Hals, ja was war dabei, sie tranken eben, sie hatten Gabeln und stachen sich damit Fleischstücke in den Mund, dann zogen sie die Gabeln wieder heraus und bluteten nicht. Oh, krampfte sich sein Leib zusammen, (c) ich kriege es nicht weg, wo soll ich hin?"
(9)

Die zitierte Textpassage beginnt zunächst mit einem Stück epischen Bericht (a), plötzlich wechselt die Perspektive in die erlebte Rede über – deutlich wird dies vor allem durch den Satz „Oh, krampfte sich _sein_ Leib zusammen" – (b), die Passage schließt dann mit einem kleinen Stück inneren Monologs (c): „_Ich_ kriege es nicht weg, wo soll _ich_ hin." (Hervorhebung: T. S.)

Der innere Monolog als Protokoll psychischer Abläufe statt psychologische Analyse

In dieser Situation der Orientierungslosigkeit und Verunsicherung kommt ihm plötzlich und unvermittelt ein Auszug aus der Gefängnisordnung in den Sinn (vgl. 9, 10). Es ist unschwer zu erkennen, dass darin Franz Biberkopfs Sehnsucht nach dem Gefängnis zum Ausdruck kommt. Der Erzähler teilt dies aber nicht in der Manier eines auktorialen Erzählers mit, er lässt nicht einmal Franz Biberkopf diesen Wunsch im Selbstgespräch äußern, sondern die Gefängnisordnung als plötzlich auftretende Erinnerung bringt diesen Wunsch zum Vorschein. Hier wird nichts erklärt und analysiert, der Leser muss selber den Zusammenhang zwischen dem Zitat aus der Gefängnisordnung, das Franz Biberkopf durch den Kopf geht, und seinem Wunsch, ins Gefängnis zurückzukehren, herstellen.

Es ging Döblin immer darum, psychische Abläufe nicht reflektierend zu analysieren und zu begleiten, sondern unmittelbar darzustellen. Die Technik des inneren Monologs ist nun besonders geeignet, diese Darstellungsabsicht zu realisieren.

Zugleich aber wird auch die Triebhaftigkeit und Impulsivität eines naiven Helden wie Franz Biberkopf dadurch deutlich gemacht. Der Roman enthält zahlreiche Beispiele dafür, wie dem Helden in wilder Unordnung fremde Texte, Reklamesprüche, Schlager, Verse etc. durch den Kopf gehen, etwa wenn Franz Biberkopf sich dazu entschließt, wieder zu Reinhold zu gehen:

Der innere Monolog verdeutlicht Franz Biberkopfs Impulsivität

> „Da marschiert Franz Biberkopf durch die Straßen, mit festem Schritt, links rechts, links rechts, keine Müdigkeit vorschützen, keine Kneipe, nichts saufen, wir wollen sehen, eine Kugel kam geflogen, das wollen wir sehen, krieg ich sie, liege ich, links rechts, links rechts. Trommelgerassel und Bataillone." (262)

Marschbefehle, Gedanken der Selbstermutigung und Verse aus Uhlands Gedicht „Der gute Kamerad" lösen einander ab. Die Uhland-Verse stellen sich fast zwanghaft in dem Augenblick ein, in dem Franz Biberkopf in seinen Krieg zieht.

Montage-Technik

In seinem bereits erwähnten Essay „Der Bau des epischen Werks" berichtet Döblin, dass er bei seiner Arbeit immer wieder lang und ausführlich „Dokumente, Fakta" mitteile, dass er sich „nicht enthalten konnte, ganze Aktenstücke glatt abzuschreiben." (226) Das Manuskript von „Berlin Alexanderplatz" ist ein anschauliches Beispiel für diese Arbeitsmethode. Es finden sich dort zahlreiche Seiten, auf die Döblin Zeitungsartikel, Annoncen etc. geklebt hat, die dann unverändert in den Roman eingegangen sind und dadurch den Erzählfluss der Geschichte ständig unterbrechen. Wenn Döblins Roman als klassisches Beispiel eines mo-

„Dokumente, Fakta" im Roman

Döblins Arbeitsmethode

dernen Großstadtromans genannt wird, dann wird vor allem auf dieses Verfahren der Montage hingewiesen, für das sich im Roman eine Fülle von Beispielen mit unterschiedlichen Funktionen finden lassen.

Der Begriff „Montage"

Zunächst sollte jedoch der Begriff geklärt und die historische Herkunft dieses Verfahrens dargestellt werden.

Der Begriff Montage, der ursprünglich die Zusammensetzung von vorgefertigten Einzelteilen zu einem Endprodukt in der Industrie bezeichnet, beschreibt in der Literatur ein Verfahren, bei dem heterogenes, aus den verschiedensten Bereichen stammendes Material in einen Text eingeht oder ihn ausschließlich konstituiert. Systematisch und programmatisch in bewusster Absetzung vom klassischen Ideal eines organischen Kunstwerks und auf dem Hintergrund der Erfahrung der modernen Großstadt wurde das Verfahren der Montage in der bildenden Kunst und in der Literatur seit dem Beginn des Jahrhunderts im Kubismus, Futurismus, Dadaismus und Surrealismus verwendet. Zunächst in der bildenden Kunst entwickelt, wurde es dann vor allem durch Dadaisten wie Hans Arp oder Kurt Schwitters auf die Literatur übertragen. Kubisten wie Picasso und Georges Braque montierten Zeitungsausschnitte, aber auch alle möglichen Materialien wie Holzstücke und vielfältiges Abfallmaterial in ihre Kunstwerke. Dadaisten wie beispielsweise Kurt Schwitters, Hannah Höch und Max Ernst fertigten Collagen an. Berühmt sind auch die Photomontagen von John Heartfield. In den Texten der Dadaisten finden sich nach dem Zufallsprinzip aneinandergereihte Zeitungsausschnitte. Die Funktion dieser Experimente war unterschiedlich. Die Dadaisten bedienten sich der Montage zur Herstellung von Simultaneität, d.h. von Gleichzeitigkeit. Im dadaistischen Manifest wird darauf ausdrücklich verwiesen:

Montage in Kunst und Literatur

Herstellung von Simultaneität

> „Das SIMULTANISTISCHE Gedicht lehrt den Sinn des Durcheinanderjagens aller Dinge, während Herr Schulze liest, fährt der Balkanzug über die Brücke bei Nisch, ein Schwein jammert im Keller des Schlächters Nuttke." (zitiert nach:

Richard Huelsenbeck [Hg.], Dada. Eine literarische Dokumentation. Reinbek bei Hamburg 1984, S. 32)

Auch den Futuristen ging es darum, die Gleichzeitigkeit des Disparaten, nicht Zusammengehörigen darzustellen. Mit der Technik der Montage ließ sich zum einen die Geschwindigkeit als eine wesentliche Erfahrung der Moderne und eng damit verbunden die Simultaneität der unterschiedlichen Eindrücke darstellen. Im „Manifest der futuristischen Maler" heißt es dazu:

> „In der Tat alles bewegt sich, alles rennt, alles verwandelt sich in rasender Eile. Niemals ist ein Profil unbeweglich vor uns, sondern es erscheint und verschwindet unaufhörlich. Da das Bild in der Netzhaut verharrt, vervielfachen sich die Gegenstände, wenn sie sich bewegen, sie verlieren ihre Gestalt, indem sie einander verfolgen, wie überstürzte Vibration in dem Raum, den sie durcheilen." (zitiert nach: Paul Pörtner [Hg.], Literaturrevolution 1910–1925. Band II: Zur Begriffbestimmung der Ismen. Neuwied und Berlin 1962, S. 42)

Beispiele für Simultaneität im Roman

Auch in „Berlin Alexanderplatz" finden sich zahlreiche Beispiele für diese Montagetechnik, die die Simultaneität des nicht Zusammengehörenden herstellt, wie es die Vielfalt der modernen Großstadt kennzeichnet. Stellvertretend sei das erste Kapitel des siebenten Buchs genannt. Zunächst wird über den Stand der Arbeiten am Alexanderplatz berichtet, dann werden einige Zeitungsnachrichten zitiert, die vermelden, welche Personen zur selben Zeit sich in Berlin aufhalten. Anschließend wendet sich der Erzähler dem Arbeitsgericht in der Zimmerstraße zu, wo gleichzeitig ein Herr in der Kantine isst, verschiedene Prozesse stattfinden, ein Brief eingeworfen und ein anderer geschrieben wird. Auch der Längsschnitt durch einen typischen Berliner Wohnblock zu Beginn des vierten Buchs, in dem die verschiedenen Wohnparteien in ihren jeweiligen Lebenssituationen und Beschäftigungen dargestellt werden, hat die Funktion, Simultaneität herzustellen. Der Dadaismus hatte freilich mit dem Verfahren der Montage noch etwas anderes im Auge. Es ging auch um eine Revolte gegen die

Die dadaistische Montage als Revolte gegen den bürgerlichen Kunstbegriff

bürgerliche Kunst und ihren Kunstbegriff. Indem die Einheit des Kunstwerks aufgebrochen wurde, Materialien aus der Alltagswelt ins Kunstwerk aufgenommen und sinn- und ordnungslose Textcollagen gebildet wurden, wurde die Kunst ihres auratischen, weihevollen Charakters beraubt. Raoul Hausmann etwa schreibt in seinem „Pamphlet gegen die Weimarische Lebensauffassung":

> „Der Dadaismus hat als einzige Kunstform der Gegenwart für eine Erneuerung der Ausdrucksmittel und gegen das klassische Bildungsideal des ordnungsliebenden Bürgers und seinen letzten Ausläufer, den Expressionismus gekämpft." (zitiert nach: Richard Huelsenbeck [Hg.], Dada, S. 39)

Und der Dadaist Theo von Doesburg antwortet auf die Frage „Was ist Dada?":

> „Dada ist die Verneinung des allgemeinen, gängigen Lebenssinns. Dada ist die stärkste Negation aller kulturellen Wertmaßstäbe." (ebd., S. 46)

Damit setzten sich die Dadaisten ganz bewusst in Gegensatz zu einem Begriff von Kunst, dem zufolge sie Ausdruck einer höheren Bedeutsamkeit ist, und sie provozierten ein Bildungsbürgertum, das seine kulturelle Überlegenheit durch das gebildete Klassikerzitat unter Beweis stellte. Gerade für dieses Publikum mussten die dadaistischen Happenings eine unerträgliche Herausforderung und den Gipfel des Nihilismus darstellen.

Montage von Klassikerzitaten im Roman

Döblin hat mit den Dadaisten diese Abneigung gegen bildungsbürgerliche Gespreiztheit geteilt. So ist auch der respektlose Umgang mit den Klassikerzitaten, die immer wieder in den Text einmontiert werden, zu verstehen. Die Klassiker von Lessing über Goethe und Schiller bis zu Kleist werden zitiert und finden sich in merkwürdiger und sozusagen „ungehöriger" Nachbarschaft wieder. Vor allem Schiller wird häufig zitiert. Sein „Lied von der Glocke" beispielsweise wird im Zusammenhang mit einer frivolen Tanzerei in einer fragwürdigen Kneipe zitiert; nur wenige Zeilen später folgen zwei unverhohlen obszöne Verse aus einem Schlager:

> „Das Mädel wippt niedlich, schlängelt sich an der Wand lang, wackelt mit dem Steiß, etscht süß zu Willi herüber. Er springt auf, tanzt mit ihr einen frechen Wackelschieber, sie knutschen sich, Zehnminutenbrenner, festgemauert in der Erden steht die Form aus Mehl gebrannt. (...) Die Kerls schleppen den Tisch raus, schmeißen den Strohsack zum Fenster raus, einer ist mit ner Ziehharmonika angezogen, der sitzt aufm Schemel an der Tür, nudelt. Mein Johannes, ach der kann es, mein Johannes ist der Inbegriff des Mannes." (223)

Eine Zeile aus Goethes Mignon-Lied wird Teil einer Reklame für ein Motorrad der Marke NSU.

> „Und wer den NSU-6-Zylinder selbst lenkt, ist begeistert. Dahin, dahin lass mich mit dir, du mein Geliebter ziehn." (140)

Ebenso ergeht es noch einmal Schillers „Lied von der Glocke," das mit Reklameslogans verknüpft wird.

> „Doch mit des Geschickes Mächten ist kein ewiger Bund zu flechten. Und das Schicksal schreitet schnell. Tragen Sie, wenn Sie am Schreiten behindert sind, Leisers Schuh. Leiser ist das größte Schuhhaus am Platze. Und wenn Sie nicht schreiten wollen, fahren Sie: NSU ladet Sie zu einer Probefahrt im Sechszylinder ein." (171)

Das Klassikerzitat als sinnentleertes Bildungsgut

Die unmittelbare Nachbarschaft von Klassikerzitat und Werbeslogan bzw. Schlagertext nimmt dem Klassiker seine weihevolle Herausgehobenheit und lädt ein, ihn zugleich als Steinbruch für sinnentleertes Bildungsgut zu benutzen. Doch während das Zitieren von Klassikern bei Autoren wie Theodor Fontane, etwa in seinem Roman „Frau Jenny Treibel," als prätentiöse Bildungsprotzerei entlarvt wird, somit das zitierte Werk immer noch vor den falschen Freunden in Schutz genommen wird, kommt es bei Döblin auf diesen Kontrast gar nicht mehr an. Das Klassikerzitat ist zwar noch als Fremdkörper im Text erkennbar, ist aber andererseits schon stark in den Erzählfluss integriert. Das Zitat ist dem Reklamespot ebenso angeglichen wie dem Schlager. Was ist geschehen, dass sich das klassische Zitat ziemlich bruchlos in solche Zusammenhänge einfügen lässt? Die klassische Literatur ist in der Geschichte ihrer Rezeption substantiell ausgelaugt worden, sie ist zum Trümmerhaufen von geflügelten Wörtern, Erbauungssprüchen, moralischen Unterweisungen und bildungsbürgerlicher Aufschneiderei geworden. Der sogenannte Volksmund hat schon die Leere und Phrasenhaftigkeit dieses Umgangs mit der hohen Literatur erkannt und ironisiert. Und daran schließt der Erzähler in „Berlin Alexanderplatz" an.

Klassikerzitate erzeugen Komik

Durch die Fallhöhe zwischen der Erhabenheit des zitierten Klassikers und dem Kontext, in dem das Zitat erscheint, ergibt sich eine eigene Komik. Besonders deutlich wird dies, wenn Verse aus Heinrich von Kleists Drama „Prinz von Homburg" in die Beschreibung von Linas Überfall auf einen Zeitungskiosk einmontiert werden:

> „Sie triumphierte, als sie den ersten Gilka runtergoß: ‚Und denn, seinen Mist kann er sich auf de Straße zusammensuchen.' Nun, o Unsterblichkeit, bist du ganz mein, Lieber, was für ein Glanz verbreitet sich, Heil, Heil, dem Prinz von Homburg, dem Sieger in der Schlacht von Fehrbellin, Heil! (Hofdamen, Offiziere und Fackeln erscheinen auf der Rampe des Schlosses.) ‚Noch een Jilka.'" (65)

Dass diese Zitate unmittelbar auf ein parodistisch verfremdetes Zitat aus einem kitschigen Fortsetzungsroman folgen, der in der Zeitschrift „Frauenliebe" erschien – Döblin hat auch diese Passage einfach ausgeschnitten und um die ironischen Klammervermerke ergänzt in das Manuskript eingeklebt –, verstärkt noch den ironischen Charakter dieser Textstelle.

Ideologiekritische Funktion des Klassikerzitats

Mehr als eine Provokation des bildungsbeflissenen Lesers ist es, wenn ein Klassiker nicht zitiert, sondern ihm widersprochen wird. In Lessings „Nathan dem Weisen" äußert Nathan optimistisch, ganz im Sinne des Aufklärungsideals: „Kein Mensch muss müssen." In „Berlin Alexanderplatz" nun wird das Zitat in sein Gegenteil umgewandelt. Franz Biberkopf fühlt sich trotz seines Unfalls wieder zu Reinhold und zur Pumsbande hingezogen, obgleich er den Vorsatz gefasst hat, anständig zu bleiben:

> „Er wird in ein Verbrechen hineingerissen, er will nicht, er wehrt sich, es geht über ihn, er muss müssen." (281)

Schon vorher, in der moritatartigen Vorrede zum fünften Buch erscheint derselbe Satz wortwörtlich, worauf dann noch eine Steigerung folgt:

> „Er wehrt sich tapfer und wild mit Händen und Füßen, aber es hilft nichts, es geht über ihn, er muss müssen." (144)

Das in sein Gegenteil verfremdete Lessingzitat gewinnt durch diese Wiederholung zusätzlich an Bedeutung. Bei Lessing geht es um das vorurteilslose Individuum, das sich bei seinem Handeln allein von seiner Vernunft leiten lässt. Davon ist bei Franz Biberkopf nicht viel zu spüren. Das Ideal der autonomen Persönlichkeit ist zur Fiktion geworden und damit das klassische Zitat zur Ideologie. So dienen die Klassikerzitate auch zur Decouvrierung eines von der Wirklichkeit überholten Ideals.

Der Zufallscharakter, den das Kunstwerk durch das Verfahren der Montage häufig bekommt, steht in einem fundamentalen Gegensatz zum klassischen Kunstwerk, das sich durch seine Geschlossenheit sowie den Eindruck des organisch Gewachsenen auszeichnet und in dem die Spuren seines „Gemachtseins" getilgt sind. Es gibt keine Risse, das Werk strahlt Harmonie aus. Alles Zufällige ist ausgeschlossen, jeder Teil hat seine Funktion innerhalb und für den Zusammenhang des Ganzen. Ganz anders das Werk, in dem das Prinzip der Montage grundlegend ist. Durch die Hereinnahme heterogener Elemente wird die Geschlossenheit des Werks gesprengt und der Eindruck eines harmonischen Ganzen zerstört. Dies hat auch Folgen für die Rezeption. Während sich der Leser klassischer, geschlossener Werke eher kontemplativ und passiv verhält, wird dem Leser von Werken, denen das Prinzip der Montage zugrunde liegt, die Aufgabe übertragen, aus dem ihm zur Verfügung gestellten disparaten Material selbst Sinn zu erzeugen. Der russische Regisseur Sergej Eisenstein hat dies für den Film sehr gut zum Ausdruck gebracht:

Gegensatz zum klassischen Kunstwerk

Montage sprengt Geschlossenheit des Werks

Aktivierung des Lesers

"Wir können ... sagen, dass eben das Montageprinzip im Gegensatz zum darstellerischen den Zuschauer selbst schöpferisch tätig sein lässt." (S.E., Montage. In: Gesammelte Schriften Bd. I, Zürich 1960, S. 254)

Montage als filmisches Verfahren

Gerade Eisenstein hat in seinen Filmen mit dem Verfahren der Montage ganz eigene und neue Ausdrucksmöglichkeiten entwickelt. Wir wissen, dass Döblin den Film als neue und revolutionäre Kunst sehr aufmerksam beobachtet hat und versucht hat, filmische Verfahren auf sein Schreiben zu übertragen. Das am Film orientierte Prinzip der Montage lässt sich auch in „Berlin Alexanderplatz" aufzeigen. Zu unterscheiden ist bei dieser Art der Montage die Kontrast- sowie die Parallelmontage. Um eine Kontrastmontage handelt es sich, wenn im letzten Kapitel des zweiten Buchs Franz Biberkopfs Verbrechen und seine Art, damit umzugehen, zu einer Reihe von anderen Darstellungs- und Verarbeitungsformen in Kontrast gesetzt worden. Da dieses Kapitel weiter oben schon genauer interpretiert worden ist, reicht hier ein kurzer Hinweis. Der Totschlag wird zunächst in der Form eines umständlichen Protokolls geschildert und reduziert sich dann auf eine physikalische Formel, Franz Biberkopfs gutes Gewissen steht im Gegensatz zu den Gewissensqualen des Orestes, die Erhabenheit der Nachrichtenübermittlung in der Antike kontrastiert mit der modernen Telekommunikation. Ein weiteres Beispiel dafür, wie ein und derselbe Sachverhalt in völlig verschiedenen Diskursen dargestellt werden kann, finden wir im ersten Buch. Zweimal sucht Franz Biberkopf eine Prostituierte auf, zweimal versagt er. Jeweils auf diese für ihn demütigende Erfahrung folgt ein wissenschaftlicher Text: zunächst über die sexuelle Potenz, dann über die verschiedenen Ursachen der Impotenz.

Kontrastmontage

Parallelmontage

Ein sehr schönes Beispiel für die Parallelmontage ist die Geschichte von Bornemann alias Finke, die parallel zu jenem verhängnisvollen Kapitel erzählt wird, in dem Franz Biberkopf Reinhold seine Geliebte vorführen will. Auf diese Parallelität macht der Erzähler auch ausdrücklich aufmerksam. „Und so wie dieser Finke ist Ihnen Franz Biberkopf die völligste Ruhe und Friedfertigkeit." (291) Auch die Bibelzitate und eine ganze Reihe von Zeitungsartikeln, auf die schon im Kapitel über die thematischen Aspekte des Romans eingegangen worden ist (vgl. S. 79ff.), müssen im Licht dieser Montagetechnik gesehen werden. In allen Fällen, um dies noch einmal mit den Worten Eisensteins zu betonen, muss der Leser „schöpferisch tätig werden," um zwischen den Elementen der Montage einen sinnvollen Bezug herzustellen.

Auf die Bedeutung des Montageprinzips für den Surrealismus muss noch kurz eingegangen werden, da auch dies zum Verständnis der Montagetechnik in „Berlin Alexanderplatz" beiträgt. Im surrealistischen Kunstwerk ging es um die Befreiung des Geistes aus den Zwängen eines erstarrten Rationalismus. Man öffnete sich den Inhalten des Unbewussten, indem man jede Art rationaler Kontrolle des Denkens auszuschalten bestrebt war. Durch Traumprotokolle, automatisches Schreiben suchte man Zugang zu den Bereichen des Un-, Halb- und Vorbewussten, das im rationalen Denken zensiert und verdrängt wird. Der überraschende Einfall, das Prinzip der freien Assoziation, das unerwartete Bild spielten dabei ebenso wie das Verfahren der Montage eine wichtige Rolle. Für eine surrealistisch anmutende Montage finden sich gleich im ersten Buch besonders eindrucksvolle Beispiele: als Franz Biberkopf Minna besucht, folgt auf Minnas ängstliche Frage, was er bei ihr will, keine Antwort, sondern ein eigentümliches Bild.

Montage im Surrealismus

Beispiele für surrealistische Montage im Roman

> „Die Erde macht einen Sprung, Nachtigall, Nachtigall, wie sangst du so schön, die Schiffe fliegen zum Himmel, die Vögel fallen auf die Erde." (30)

Dieses surreale Bild wird zum Ausdruck von Franz Biberkopfs wilder Triebhaftigkeit und Gewaltbereitschaft: er vergewaltigt Minna. Danach heißt es:

> „Son Mannsgesicht ist mit Schienen besetzt, jetzt fährt ein Zug drüber weg, sieh mal, wie der raucht, der fährt, FD, Berlin/Hamburg-Altona, 18 Uhr 5 bis 21.35, drei Stunden 30 Minuten, da kann man nichts machen, solche Männerarme sind aus Eisen, Eisen." (31)

Auch dieses Bild eines Gesichts, das sich in Schienen verwandelt, über die ein Zug hinwegrast, ist eine surrealistische Montage und versinnbildlicht die triebhafte und unkontrollierte Gewalttätigkeit, die sich in Franz Biberkopf entlädt.

Ein ähnlich eindrucksvolles Bild begegnet uns, als Franz Biberkopf selbst Opfer von Gewalt wird. Beim Einbruch mit der Pumsbande schlägt Reinhold ihm, als er sich weigern will, Schmiere zu stehen, auf den Arm.

> „Und er kam nicht weg vom Fleck, er war an die Stelle gebannt; seit Reinhold ihn geschlagen hatte, war das, da war er angenagelt. Er wollte, er mochte, aber es ging nicht, es ließ ihn nicht los. Die Welt ist von Eisen, man kann nichts machen, sie kommt wie eine Walze an, auf einen zu, da ist nichts zu machen, da kommt sie, da läuft sie, da sitzen sie drin, das ist ein Tank, Teufel mit Hörnern und glühenden Augen drin, sie zerfleischen einen, sie sitzen da, mit ihren Ketten und Zähnen zerreißen sie einen. Und das läuft und da kann keiner ausweichen." (187)

Die Assoziationsflut dieser Textstelle erinnert sowohl an manche Gemälde des surrealistischen Malers Max Ernst als auch an die apokalyptischen Visionen eines Hieronymos Bosch, der bekanntlich die Surrealisten stark beeinflusst hat.

Überblick über Herkunft und Funktionen der Montagetechnik

Wir haben gesehen, dass die Montagetechnik eines der wesentlichen Verfahren des Romans ist und zugleich grundlegend seine Modernität ausmacht. Die Montagetechnik spielt in unterschiedlichen, gleichwohl verwandten Strömungen der Moderne, dem Kubismus, dem Dadaismus, dem Futurismus, dem Surrealismus sowie in der Filmästhetik des revolutionären russischen Regisseurs Eisenstein eine wichtige Rolle. Döblin, der die Entwicklung der modernen Kunst aufmerksam verfolgt hat, hat in „Berlin Alexanderplatz" dieses Verfahren in seinen unterschiedlichen Funktionen virtuos eingesetzt: zur Herstellung von Simultaneität, als Parallel- und Kontrastmontage, als Zitat, als surrealistisches Bild und als Mittel, die unterschiedlichen Großstadtdiskurse (Reklame, Zeitungsartikel, Schlager etc.) darzustellen.

Die sprachliche Form

Alfred Döblin hat in seinem Essay über den „Bau des epischen Werks" ein ganzes Kapitel der „Sprache im Produktionsprozess" gewidmet. Seine These lautet:

Die Sprache im Produktionsprozess

> „Jedem Sprachstil wohnt eine Produktivkraft und ein Zwangscharakter inne, und zwar ein formaler und ein ideeller." (243)

Der Autor, so Döblin, müsse sich dieser Tatsache bewusst sein, andernfalls „glaubt (man) zu schreiben und man wird geschrieben" (243). Mit anderen Worten, der Sprache komme eine Eigengesetzlichkeit zu, die sie vom Wollen des Schriftstellers unabhängig mache, der nur noch zum ausführenden Organ der Sprache wird. Der „wirkliche Autor" nun unterscheide sich vom Dilettanten dadurch, dass er sich nicht einfach einer einmal gewählten Sprache unterwerfe, sondern sich des Zwangscharakters der Sprache bewusst sei und sie als Produktivkraft nutze.

Untersucht man unter diesem Aspekt „Berlin Alexanderplatz," so stellt man fest, dass Döblin in beeindruckendem Maße über zahlreiche Register der Sprache verfügt und sich diese virtuos zunutze macht. Es gelingt ihm, die moderne Großstadt zu erfassen, indem er sie in einer dem Sprachkunstwerk angemessenen Weise als Ort vielfältiger und heterogener sprachlicher Diskurse darstellt.

Die Großstadt als Ort vielfältiger sprachlicher Diskurse

Auch bei der Untersuchung der Sprache erweist es sich als sinnvoll, den Roman auf dem Hintergrund der Romantradition des 19. Jahrhunderts zu sehen. Dabei fällt von der ersten Seite an auf, dass die Sprache von den Normen der Hochsprache und zumal der Literatursprache radikal abweicht. Sowohl der Erzähler als auch die Personen des Romans bedienen sich der Umgangssprache sowie des Dialekts. Ein Beispiel für den Berliner Dialekt Franz Biberkopfs mag genügen. Im Gespräch mit den beiden Juden demonstriert er, wie schwach er durch seinen Gefängnisaufenthalt geworden ist:

Abweichung von der Hoch- und Literatursprache

Die Sprache Franz Biberkopfs

Dialekt

„Da, kucken Se her, meine Hose. So dick war ich, und so steht sie ab, zwei starke Fäuste übereinander, vom Kohldampfschieben. Alles weg. Die ganze Plautze zum Deibel. So wird man ruiniert, weil man nicht immer so gewesen ist, wie man sein sollte. Ick gloobe nicht, dass die andern viel besser sind. Nee, det gloob ick nicht." (22; Hervorhebung: T. S.)

Kennzeichnend auch für den Berliner Dialekt die Verwechslung der Fälle:

„Jetzt will ich mir aber verabschieden von Sie." (23; Hervorhebung: T. S.)

Komische Mischung der Stilebenen

Typisch für Franz Biberkopfs Sprache ist auch der Komik erzeugende Versuch, sich besonders gewählt auszudrücken und zu renommieren. Dabei geraten die Stilebenen völlig durcheinander. Als er die neueste Freundin von Reinhold vor ihrem Liebhaber warnen will, wird er förmlich, und das geht gründlich schief:

„Frau Labschinsky ..., ich tu das nicht, dass ich bei sie komme, um meinen Freund, oder wer es ist, schlechtzumachen. Das beileibe nicht. Ich misch mich absolut nich in andere Leute ihre schmutzige Wäsche. Nanu, aber was recht ist, muss recht bleiben. Ein Weib nach dem andern auf die Straße stoßen, dazu steh ich nich grade. Und das ist auch die wahre Liebe nicht." (170; Hervorhebung: T. S.)

Um seine Uneigennützigkeit zu betonen, verwendet er das kaum in den Kontext seines Berliner Jargons gehörende Wort „beileibe". Anschließend vermischt er zwei sprichwörtliche Formeln (sich in anderer Leute Angelegenheiten einmischen, schmutzige Wäsche waschen). Darauf folgt die moralisierende Maxime („Was recht ist, muss recht bleiben"). Im nächsten Satz verwendet er ein für seine Verhältnisse besonders ausgesuchtes Verb (stoßen). Und zum Schluss wird er geradezu lyrisch, wenn er von der „wahren Liebe" spricht und in ein jambisches Metrum überwechselt. Bleiben wir noch kurz bei dieser Textstelle. Der nun folgende Satz der Erzählers setzt den hohen Stil fort:

„Frau Labschinsky ließ verächtlich ihren Busen wogen." (170)

Doch die sich daran anschließende erlebte Rede bewegt sich dann wieder auf einer sehr niedrigen Stilebene:

> „Reinhold, der soll sich mal nicht auf den Frack treten von wegen sie. Sie ist schließlichement auch keine Anfängerin mit Männer." (170)

Erfreut antwortet Franz, seinen gewählten Stil und das jambische Metrum beibehaltend: „Das höre ich mit Freuden.," und fährt dann wieder unbeholfen moralisierend fort:

> „Denn Sie <u>tun</u> ein gutes Werk und darum ist es mir gerade zu <u>tun</u>." (170; Hervorhebung: T. S.)

Schließlich wird er gönnerhaft:

> „Die Weiber <u>tun</u> einem leid, die doch auch Menschen sind wie wir." (170; Hervorhebung: T. S.)

Es ließen sich viele derartige Stellen finden, wo in ein und demselben Satz die unterschiedlichsten Stilebenen aufeinander prallen. Ein besonders virtuoses Beispiel sei noch zitiert. Im letzten Kapitel des zweiten Buchs berichtet der Erzähler, wie Klytemnestra Agamemnon ermordet.

Das Spiel des Erzählers mit den Stilebenen

> „Sie (die Kienfackel) brennt, sie lodert, in jedem Augenblick, an jedem Ort sagt sie, fühlt sie, und alles jauchzt darunter: Agamemnon kommt! Tausend Menschen glühen an jedem Ort auf: Agamemnon kommt, und jetzt sind es zehntausend, über dem Meerbusen hunderttausend." (87)

Auf engstem Raum finden sich alle möglichen rhetorischen Figuren, die Pathos erzeugen. Im nächsten Absatz ruft sich der Erzähler selber zur Ordnung und will zur Sache kommen:

> „Und dann, um zur Sache zu gelangen, ist er zu Hause." (87)

Bei der Beschreibung der Bluttat wechselt mit der Empörung auch gleich die Stilebene:

> „Wie ihn das Weib zu Haus hat, steckt sie ihn ins Bad. Sie zeigt im Augenblick, dass sie ein beispielloses Luder ist. Sie schmeißt im Wasser ein Fischnetz über ihn, dass er nichts machen kann, und dann hat sie schon ein Beil mitgebracht wie zum Holzhacken." (87)

Und nun geraten die Stilebenen völlig durcheinander, die pathetische Sprache der griechischen Tragödie vermischt sich mit dem vulgären Gassenjargon einerseits und den ironischen Kommentaren des Erzählers andererseits:

> „Er ächzt: ‚Weh mir, getroffen!' draußen fragen sie: ‚Wer schreit da über sich?' ‚Weh mir und wieder!' Die antike Bestie murkst ihn ab, zuckt nicht mit der Wimper, sie reißt noch draußen das Maul auf: ‚Vollendet hab ichs, ein Fischnetz warf ich ihm um und schlug zweimal, und mit zwei Seufzern streckte er sich, und dann schickte ich ihm noch einen dritten Hieb zum Hades nach.' Worauf die Senatoren bekümmert sind, immerhin aber die treffende Bemerkung finden: ‚Wir staunen deiner Rede Kühnheit an.' Diese Frau also wars, diese antike Bestie, die gelegentlich eines ehelichen Amüsements mit Agamemnon Mutter eines Knaben geworden war, welcher bei seiner Geburt den Namen Orestes erhielt. Sie wurde später von der Frucht ihrer Freuden gekillt, und ihn plagen dann die Erinnyen." (87f.)

Verfolgt man den daran anschließenden Erzählerbericht, so bemerkt man auch hier die übergangslose Abfolge von medizinischer Fachsprache („anschließendes Empyem"), drastischer Beschreibung („sie zerfließt in Jauche") und Vulgarismen („Stinkwut"). Der Erzähler verfügt souverän über eine ganze Skala von Stilebenen und Sprachregistern: die Sprache seiner aus dem Kleinbürgertum sowie aus kriminellen Milieus stammenden Figuren, Fachsprachen, an literarischen Gattungen orientierte Sprachformen, Medizinerjargon, den ideologischen Agitationsjargon politischer Parteien, den Jargon eines Verbandsvertreters der ambulanten Händler usw. Nicht zuletzt aus diesem Aufeinanderprallen von zahlreichen heterogenen Stilebenen resultiert der besondere sprachliche ästhetische Reiz dieses Romans und der Eindruck seiner Virtuosität.

Beispiele für Sprachregister

Sprachliche Vergegenwärtigung des Geschehens

Alfred Döblin hat in seinem Aufsatz „Der Bau des epischen Werks" betont, dass auch der Epiker versuchen müsse, das Geschehen in seiner Gegenwärtigkeit darzustellen, und widerspricht damit der

Auffassung, dass nur in der Dramatik Gegenwärtiges, in der Epik hingegen Vergangenes dargestellt werde. Döblin hat in seinem Roman „Berlin Alexanderplatz" den Versuch unternommen, diese Forderung umzusetzen, und zwar durch eine Schreibweise, die er in seinem Aufsatz „An Romanautoren und ihre Kritiker" als „Kinostil" bezeichnet hat. Dieser Stil zeichne sich durch „Gedrängtheit und Präzision" aus, von „Knappheit, Sparsamkeit der Worte" ist die Rede, von „rapiden Abläufen, Durcheinander in bloßen Stichworten," der Erzähler müsse sich „suggestiver Wendungen" bedienen:

„Kinostil"

> „Das Ganze darf nicht erscheinen wie gesprochen, sondern wie vorhanden."

Für diese Art des szenischen Erzählens finden sich im Roman zahlreiche Beispiele. Besonders eindrucksvoll ist jene Szene im siebenten Buch, in der Franz Mieze in Gegenwart Reinholds in einem Tobsuchtsanfall zusammenschlägt (300 ff.):

> „Da gelingt es Franz, seinen Arm freizukriegen, sich loszumachen, sie rennt ihm nach, im Augenblick dreht sich Franz um, schlägt ihr ins Gesicht, dass sie zurücktaumelt, dann stößt er gegen ihre Schulter, sie fällt, er über sie und schlägt mit seiner einen Hand, wo es trifft. Die winselt, sie windet sich, oh oh, der haut, der haut, sie hat sich rumgeworfen auf den Bauch und das Gesicht. Wie er aufhört, sich verpustet, die Stube dreht sich um ihn, dreht sie sich rum, rappelt sie sich auf: ‚Keinen Stock, Franzeken, ist genug, keinen Stock.'" (300 f.)

Zunächst wird die Dramatik dieser Auseinandersetzung durch den Satzbau veranschaulicht. Die Sätze folgen asyndetisch (unverbunden) aufeinander. Der ständige Wechsel der Perspektive erinnert an die Schnitttechnik des Films. Mieze erscheint aus der Perspektive von Franz Biberkopf („die winselt"), unmittelbar darauf richtet sich der Blick Miezes auf ihn („oh oh, der haut, der haut"), die Wiederholung spiegelt die Angst Miezes wider. Als Franz Biberkopf Reinhold unter der Bettdecke hervorzieht, wird Miezes Schrecken beschrieben:

Wechsel der Perspektive erinnert an Schnitttechnik des Films

> „Miezens aufgerissener Mund, Erdbeben, Blitz, Donner, die Gleise durchgerissen, verbogen, der Bahnhof, die Wärterhäuschen umgeworfen, Tosen, Rollen, Qualm, Rauch, nichts zu sehen, alles hin, hin, alles weggeweht senkrecht, quer." (301)

Intensivierung durch Metaphern

Hier wird das Bild einer Naturkatastrophe heraufbeschworen, das in keinem rationalen Zusammenhang mehr mit der beschriebenen Situation steht, aber in seiner Eindringlichkeit dennoch die psychologische Situation erfasst und gleichzeitig eine Vorstellung vermittelt von Miezes Panik und dem, was sie in diesem Augenblick empfindet. Ein Stelle in Döblins zitiertem Essay „Der Bau des epischen Werks" lässt sich als Kommentar zu dieser Passage lesen:

> „Der wirklich Produktive aber muss zwei Schritte tun: er muss ganz nahe an die Realität heran, an ihre Sachlichkeit, ihr Blut, ihren Geruch, und dann hat er die Sache zu durchstoßen, das ist seine spezifische Arbeit." (219)

Der Erzähler beschreibt zunächst die Gewalttätigkeit mit einer ungeheuren Intensität, indem er die Schnelligkeit der Abläufe in der sprachlichen Gestalt, in der Syntax abbildet (kurze Sätze, asyndetische Reihungen). Schließlich löst sich die Syntax

Auflösung der Syntax

vollkommen auf. Dieses Verfahren, die Sprachstruktur dem Beschriebenen mimetisch anzugleichen, leistet eine größtmögliche Annäherung an die Realität. „Durchstoßen" wird sie, wenn im freien Spiel der Einbildungskraft Bilder entstehen, die nicht mehr im Sinne einer realistischen Beschreibung einen Sachverhalt, einen Gegenstand, eine Situation möglichst genau und differenziert darstellen, sondern die emotionale und sinnliche Intensität der Situation erleben lassen. Dies geschieht durch Bilder wie das eben zitierte oder durch verdichtete Metaphern, wie sie uns gleichfalls in dieser Textpassage begegnen:

> „Schreien, Schreien unaufhörlich aus ihrem Mund, qualvolles Schreien, gegen das hinter dem Rauch auf dem Bett, eine Schreimauer, Schreilanzen gegen das da, höher hin, Schreisteine." (301)

Die Syntax ist aufgebrochen, ein Verb fehlt, der Erzähler verwendet zunächst noch zur Beschreibung von Miezes Schreien in konventioneller Manier ein Adjektiv („qualvoll"), doch dies reicht nicht aus, um die Situation in ihrer Intensität zu vergegenwärtigen, so dass er zur Steigerung Metaphern („Schreimauer, Schreilanzen, Schreisteine") erfindet, die den mit den Mitteln der realistischen Beschreibung hervorgerufenen Eindruck überbieten sollen.

Bei der Untersuchung von Döblins Stil sollte man sich immer vergegenwärtigen, dass Alfred Döblin sich intensiv wie kaum ein anderer Autor in Deutschland mit dem Futurismus auseinandergesetzt hat, sowohl in der Malerei als auch in der Dichtung. Die Futuristen-Ausstellung in der Galerie seines Freundes Herwarth Walden im Jahre 1912 veranlassten ihn in seinem Aufsatz „Die Bilder der Futuristen" zu enthusiastischer Zustimmung:

Einfluss des Futurismus

> „Der Futurismus ist ein großer Schritt. Er stellt einen Befreiungsakt dar. (...) Den Futurismus unterschreibe ich mit vollem Namen und gebe ihm ein deutliches Ja." (In: A. D., Die Zeitlupe, Olten und Freiburg i.Br. 1962, S. 11)

Er hat die Forderungen, die der futuristische Theoretiker und Schriftsteller Filippo Marinetti in seinen Manifesten aufgestellt hat, trotz seiner Kritik an dessen Dogmatismus viel radikaler und gekonnter in der Praxis seines Schreibens umgesetzt, als das Marinetti in seinen eigenen Werken gelungen ist. Futuristische Stilelemente – die Zertrümmerung der Syntax, die Aneinanderreihung isolierter Substantive – finden sich in Döblins Romanen schon lange vor „Berlin Alexanderplatz" vornehmlich dort, wo es um die Darstellung von Gewalt und Zerstörung geht. Nur am Rande sei erwähnt, dass auch viele expressionistische Lyriker von den Futuristen gelernt haben.

Umsetzung futuristischer Forderungen in die Praxis bei Döblin

Doch neben solchen ungeheuer ausdrucksstarken Stellen finden sich immer wieder Passagen im Roman, die einem ganz anderen Darstellungs- und Stilideal verpflichtet sind, dem der sogenannten Neuen Sachlichkeit. Dieser Begriff ist zunächst für

„Neue Sachlichkeit" als Stil

135

Reportage

eine neue Richtung der Kunst in den 20er Jahren geprägt worden, ist dann aber auch auf die Literatur übertragen worden. An die Stelle eines expressiven, pathetischen Stils tritt in der Literatur nun eine neue Nüchternheit und Lakonik, mit der die Realität unverzerrt und fast dokumentarisch wiedergegeben wird. Diesem Stilideal ist auch die Reportage verpflichtet, die ihrerseits wieder erheblichen Einfluss auf die Literatur ausübte. Ein typisches Beispiel für diese Art neusachlicher Darstellung findet sich in dem Kapitel „Sonntag Nacht, Montag, den 9. April" im sechsten Buch:

> „Das große Privatauto, in das Franz Biberkopf gelegt wird – ohne Bewusstsein, er hat Kampfer und Skopolaminmorphium bekommen – rast zwei Stunden. Dann ist man in Magdeburg. Nahe einer Kirche wird er ausgeladen, in der Klinik läuten die beiden Männer Sturm. Er wird noch in der Nacht operiert. Der rechte Arm wird am Schultergelenk abgesägt, Teile vom Schulterknochen werden reseziert, die Quetschungen am Brustkorb und am rechten Oberschenkel sind, soweit man im Augenblick sagen kann, belanglos. Innere Verletzungen sind nicht ausgeschlossen, vielleicht ein kleiner Leberriß, aber viel kann es nicht sein." (196)

Charakteristika sachlicher Darstellung

In aller Knappheit und Sachlichkeit wird der Transport und die anschließende Operation berichtet. Die Sätze sind kurz, bar jeder Rhetorik. Der Bericht enthält keine überflüssige Information, keine persönliche Perspektive auf das Geschehen ist erkennbar. Zur Sachlichkeit dieser Darstellung trägt auch das medizinische Vokabular bei.

Fassen wir noch einmal kurz zusammen. Der Roman zeichnet sich durch eine enorme Vielfalt von Sprachebenen und Stilen aus, über die der Autor souverän verfügt. Es gelingt ihm auf diese Weise, die Stadt als einen Ort darzustellen, der wesentlich durch die unterschiedlichsten Sprachstile charakterisiert ist. Ein weiteres grundlegendes Merkmal der Sprache in „Berlin Alexanderplatz" ist, dass sie das Erzählte mit großer Intensität vergegenwärtigt. Döblin bedient sich dabei literarischer Techniken, die er auch durch seine gründliche Beschäftigung mit dem Futurismus kennen gelernt hat.

In den vorausgehenden Kapiteln ist „Berlin Alexanderplatz" unter dem Gesichtspunkt seiner Modernität in formaler Hinsicht analysiert worden. Manche dieser Techniken werden denjenigen die Lektüre erschweren, die vor allem Romane einer realistischen Erzähltradition gewohnt sind. Manches erscheint unverständlich und ohne sinnvolle Funktion im Erzählzusammenhang. Dies könnte zur Folge haben, dass man sich als Leser dagegen sperrt und dieser neuen ästhetischen Erfahrung sich verweigert. Bevor man dies tut, sollte man sich die Erkenntnis in Erinnerung rufen, zu der Franz Biberkopf am Ende des Romans gelangt: „Herankommen lassen, herankommen lassen." Erst wenn man sich dem Roman in seiner Überfülle von Einfällen, von Witz, von Sentimentalität, ja, von Albernheiten öffnet, wird man ihn wirklich genießen können. Die „Philosophie," die „Aussage" ist gewiss nicht alles, und vielleicht nicht einmal das Wichtigste an diesem Roman.

Abweichung von der realistischen Erzähltradition

Konsequenz für die Lektüre des Romans

Döblins Romanpoetik

Zusammenfassung von Romantheorie und Praxis bei Döblin

Alfred Döblin begleitete seine literarische Arbeiten mit Essays, in denen er seine literaturtheoretischen Ansichten formulierte und entwickelte. Die beiden Essays „An Romanautoren und ihre Kritiker" (1913) und „Bemerkungen zum Roman" (1917) enthalten seine theoretischen Ansichten über den Roman, die er bei der Abfassung seiner beiden frühen bedeutenden Romane „Die drei Sprünge des Wanglun" (1915) und „Wallenstein" (1920) in die Praxis umgesetzt hat. Und der im vergangenen Kapitel des öfteren zitierte Aufsatz „Der Bau des epischen Werks" (1928) steht in einem engen Zusammenhang mit „Berlin Alexanderplatz" (1929). Bei einer genauen Lektüre von Döblins dichtungstheoretischen Aufsätzen wird man zahlreiche Widersprüche und Positionswechsel entdecken können, die eine geschlossene Poetik des Romans nicht erlauben. Döblin war kein Systematiker, viele seiner Äußerungen sind polemisch zugespitzt, und er entwickelte seine Position im Laufe der Jahre immer weiter. Es soll in diesem Kapitel auch nicht darum gehen, Döblins Positionen und Positionswechsel in ihrer Entwicklung im Einzelnen nachzuzeichnen, sondern vielmehr darum, seine Auffassungen zum Zeitpunkt der Arbeit an „Berlin Alexanderplatz" darzulegen. Dabei ist auch auf seine früheren Aufsätze einzugehen, da eine Reihe von Überlegungen, die er dort angestellt hat, auch später noch ihre Geltung behalten. Andere Grundsätze hingegen wird er bei seinen späteren Werken aufgeben.

Widersprüchliche Aussagen

Döblins Auseinandersetzung mit Tradition und Moderne

Döblin hat seine Positionen zum einen in einer polemischen Auseinandersetzung mit dem traditionellen Roman und zum andern an aktuelle Tendenzen in Kunst und Literatur anknüpfend entwickelt. In der frühen Phase seiner romantheoretischen Überlegungen waren dies vor allem Naturalismus und Futurismus, aber auch Expressionismus und Dadaismus, wie er selber einmal ausdrücklich bekannt hat.

Konstant in seiner Romanpoetik bleibt die Ablehnung von Psychologie im Roman, die er als „abstrakte Phantasmagerie", „dilettantisches Vermuten", „verfehlte, verheuchelte Lyrik", „Schaumschlägerei", „Geschwafel" bezeichnet. Er bezweifelt, dass die psychologische „Analyse von Gedankengängen der Akteure" etwas mit dem „Ablauf einer wirklichen Psyche" zu tun hat. An die Stelle der „unkünstlerischen Abstraktion" müsse die „Notierung der Abläufe, Bewegungen" treten. Döblins Polemik gegen die psychologische Analyse im Roman gipfelt in der Forderung:

Ablehnung von Psychologie im Roman

> „Der Gegenstand des Romans ist die entseelte Realität."

Für die Darstellung bedeutet dies, dass der Stil ein Höchstmaß an sinnlicher Anschaulichkeit besitzen muss, und diese ist zu erreichen durch den „Kinostil", auf den im vorigen Kapitel bereits hingewiesen worden ist (vgl. S. 133).

„Kinostil"

In engem Zusammenhang mit der Ablehnung von Psychologie im Roman steht die Forderung, dass der Autor in seinem Werk nicht in Erscheinung treten darf. Döblin spricht davon, dass „die Hegemonie des Autors zu brechen (ist)", vom „Fanatismus der Selbstverleugnung" bzw. der „Entäußerung". In seinem Aufsatz „Bemerkungen zum Roman" stellt Döblin noch einen weiteren Grundsatz des traditionellen Romans radikal in Frage:

Ablehnung des auktorialen Erzählers

> „Der Roman hat mit Handlung nichts zu tun."

Er meint damit die Erzeugung von Spannung auf ein Ziel hin, die Reduktion des Romans auf die rasch voranschreitende dramatische Handlung:

Ablehnung der dramatischen Handlung

> „Die Vereinfachung des Romans auf jene fortschreitende eine Handlung hin hängt mit der zunehmenden raffiniert gezüchteten Leseunfähigkeit des Publikums zusammen. (...) Was nicht spannt, ist langweilig."

Döblin hält dagegen: „Im Roman heißt es schichten, häufen, wälzen, schieben." Gemeint ist damit, dass der Autor sich nicht auf das Vorantreiben der Handlung beschränkt, sondern die unterschiedlichsten Realitätsbereiche in den Roman integriert. Hier ist natürlich auch an das ausführlich dargelegte Prinzip der Montage zu denken. Auf diese Weise verliert der Roman seinen Charakter als geschlossenes Erzählkontinuum, und die Einzelteile gewinnen jeweils ein eigenes Gewicht. Döblin hat dies mit einem vielzitierten Satz anschaulich ausgedrückt:

> „Wenn ein Roman nicht wie ein Regenwurm in zehn Stücke geschnitten werden kann und jeder Teil bewegt sich selbst, dann taugt er nicht."

Ablehnung des individuellen Helden

Schließlich rüttelt Döblin noch am Prinzip des individuellen Helden als Zentrum des Romans:

> „Fortgerissen vom psychologischen Wahn hat man in übertriebener Weise den einzelnen Menschen in die Mitte der Romane und Novellen gestellt."

Und noch deutlicher heißt es in „Bemerkungen zum Roman":

> „Es ist schon verkehrt anzunehmen und unter dieser Annahme zu arbeiten und zu lesen: der Mensch sei Gegenstand des Dramas oder des Romans."

Die Reduktion des Romans auf die Darstellung einer individuellen Problematik führe dazu, dass „die ganze Welt mit der Vielheit ihrer Dimensionen" völlig unberücksichtigt bleibe. Auf diese Weise werde der „Leser entwöhnt, in den Reichtum des Lebens zu blicken". Eng verbunden mit der Infragestellung des Individuums als Zentrum der Romanhandlung ist Döblins Kritik an der zunehmenden Verengung des Romans auf die Darstellung des „geschlechtlichen Verhältnisses".

Um aber die Welt in ihrer „Vielheit", d. h. in der Gleichzeitigkeit des Disparaten, zu erfassen, bedarf es der entsprechenden Darstellungstechnik, die Döblin folgendermaßen beschreibt.

> „Von Perioden, die das Nebeneinander des Komplexen wie das Hintereinander rasch zusammenzufassen erlauben, ist umfänglicher Gebrauch zu machen."

Herstellung von Simultaneität

Mit anderen Worten: es geht um einen Sprachstil oder eine sprachliche Technik, die die Darstellung von Simultaneität erlaubt.

Erst wenn die Romanautoren aus den eingefahrenen Gleisen des traditionellen Romans ausbrächen und diese Forderungen beherzigten, erlebe „der Roman seine Wiedergeburt als Kunstwerk und modernes Epos".*

Vergleicht man nun damit Döblins Positionen in seinem großen Essay „Der Bau des epischen Werks", wird man feststellen, dass er einige grundsätzliche Positionswechsel vorgenommen hat. Ist Döblin in seinen frühen Aufsätzen noch stark am Naturalismus orientiert, löst er sich nun von einigen dieser Grundsätze. Wichtig ist vor allem, dass er sich in diesem Aufsatz grundlegend mit dem Verhältnis von Dichtung und Realität auseinandersetzt.

Positionswechsel

Lösung von naturalistischen Grundsätzen

Er bezweifelt zunächst einmal den Wert einer Literatur, die in der Form des Berichts Nicht-Reales, nur Ausgedachtes darstellt, und will sich nicht mit der stillschweigenden Abmachung, es handele sich bei der Dichtung doch immer um Illusion, Schein, um ein „Als ob", zufrieden geben. Man müsse auch an die Dichtung den Anspruch von „Wahrheit" stellen. Hier sei ein wichtiger Satz Döblins noch einmal zitiert:

> „Was nun irgendeinen erfundenen Vorgang, der die Form des Berichtes trägt, aus dem Bereich des bloß Ausgedachten und Hingeschriebenen in eine wahre Sphäre, in die des spezifisch epischen Berichtes hebt, das ist *das Exemplarische des Vorgangs und der Figuren*, die geschildert werden und von denen in der Berichtform mitgeteilt wird. Es sind da starke Grundsituationen, Elementarsituationen des menschlichen Daseins, die herausgearbeitet werden, es sind Elementarhaltungen des Menschen, die in dieser Sphäre erscheinen und die, weil sie tausendfach zerlegt wirklich sind, auch so berichtet werden können."

Dieser Satz bedeutet die Ablehnung des individuellen Helden, den wir aus dem bürgerlichen Roman, insbesondere dem Entwicklungsroman, ken-

Darstellung des Exemplarischen

---

* Alle Zitate stammen aus den beiden Aufsätzen „An Romanautoren und ihre Kritiker. Berliner Programm" und „Bemerkungen zum Roman". In: Schriften zur Ästhetik, Poetik und Literatur. Olten und Freiburg i.Br. 1989, S. 119 ff.

nen, und betont das Überindividuelle, das Überhistorische, das Typische, das Wiederkehrende, und so kommt Döblin auch zu der Schlussfolgerung, dass es „eine ganze Reihe von Gestalten" gibt, „an denen immer wieder neu gedichtet werden kann". Als Beispiele nennt er Odysseus oder Don Quichote.

Forderung nach größter Realitätsnähe

Mit der Dichtungsauffassung des Naturalismus stimmt Döblin insofern überein, als er nach wie vor betont, dass der Dichter so nah wie möglich an die Realität herankommen müsse. Er spricht davon, dass der Autor die Realität „lieben" müsse. In einem nächsten Schritt aber lässt er die naturalistische Dichtungsauffassung hinter sich, die sich in der klassischen Formel des naturalistischen Autors Arno Holz „Kunst = Natur − x" (d. h. größtmögliche Annäherung der Kunst an die Natur) kristallisiert. Dem hält Döblin entgegen, dass der Autor

Spiel mit der Realität

mit der Realität spielen müsse. Dieses Spiel mit der Realität eröffne eine „überreale Sphäre, das ist die Sphäre einer neuen Wahrheit und einer ganz besonderen Realität". Mit anderen Worten, Dichtung löst ihren Anspruch auf Wahrheit erst ein, wenn sie sich von dem Dogma der reinen Abspiegelung von Realität löst.

Rehabilitation des auktorialen Erzählers

Diese in der Absetzung von der naturalistischen Dichtungsauffassung gewonnene Freiheit nutzt Döblin, um ein weiteres früher vertretenes Prinzip in Frage zu stellen, nämlich, dass der Erzähler in seinem Werk nicht in Erscheinung treten dürfe.

> „Ich gestehe selbst: Ich habe unbändig gehuldigt dem Bericht, dem Dogma des eisernen Vorhangs. Nichts schien mir wichtiger als die sogenannte Objektivität des Erzählers."

Döblin bleibt auch jetzt dabei, dass der Autor Faktenmaterial, Dokumentarisches in sein Werk hineinbringen dürfe, dass dies ihn aber nicht daran hindern dürfe, als auktorialer Erzähler im Werk aufzutauchen. Er kommt zu dem Ergebnis:

> „Darf der Autor im epischen Werk mitsprechen, darf er in diese Welt hineinspringen? Antwort: ja, er darf und er soll und muss."

Diese neue Freiheit kommt besonders gut zum Ausdruck, wenn er schreibt:

> „Ich möchte wieder und wieder die Autoren aufrufen, nicht der Form, welcher auch immer zu dienen, sondern sich ihrer zu bedienen."

Dies gilt auch für das Problem der Sprache, auf das wir im vorhergehenden Kapitel gleichfalls schon genauer eingegangen sind. Döblin betont, wie wir gesehen haben, dass *„jedem Sprachstil eine Produktivkraft und ein Zwangscharakter innewohnt"*. Die Freiheit des Autors gegenüber der Sprache erweise sich zum einen im überlegten Umgang mit den jeweiligen Stilebenen. Zum andern aber müsse der Autor, der „etwas Eigenes sagen will, ... die alten Sprechweisen von sich wegstoßen ..., um zu singen, wie ihm der Schnabel gewachsen ist".*

Sprache als „Produktivkraft" und „Zwangscharakter"

Fassen wir Döblins Positionen im Hinblick auf seinen Roman „Berlin Alexanderplatz" noch einmal zusammen. Die Ablehnung von Psychologie im Roman ist ein Grundsatz, den er auch bei diesem Roman nicht aufgegeben hat. Wir finden keinen Versuch des Erzählers, Franz Biberkopfs Verhalten in psychologischer Manier zu analysieren. Er beschränkt sich darauf, wie er es auch in der Theorie fordert, psychische Abläufe sinnlich anschaulich zu gestalten. Dabei nutzt er solche Verfahren wie die erlebte Rede oder den inneren Monolog, um den Leser möglichst nahe an die Bewusstseinswelt Franz Biberkopfs heranzuführen. Die einzige Stelle, wo der Versuch unternommen wird, Franz Biberkopf mit den Mitteln der Psychologie zu analysieren, ist bezeichnenderweise eine Satire auf den Richtungsstreit zwischen konservativen und modernen Richtungen in der Psychiatrie (vgl. 383 ff.).

Theoretische Grundposition in der Praxis

Keine psychologische Analyse

Auch die Forderung, die Welt in ihrer „Vielheit" darzustellen und den Roman nicht auf eine eindimensionale spannende Handlung zu reduzieren, setzt Döblin in seine epische Praxis um. Deutlich wird dies, wie wir bereits gesehen haben, schon in

Darstellung von „Vielheit"

---

* Alle Zitate aus: Der Bau des epischen Werks. In: Alfred Döblin, Schriften zu Ästhetik, Poetik und Literatur. Olten und Freiburg i. Br. 1989, S. 215 ff.

der Titelgebung des Romans, die Stadt bekommt den Vorrang vor dem Helden. Das Verfahren der Montage, durch das unter anderem auch Simultaneität hergestellt wird, ermöglicht es dem Autor, die Stadt in ihrer Vielfalt und Heterogenität darzustellen.

Das Eigengewicht der Teile

Durch die Montagetechnik wird Döblin auch der Forderung gerecht, dass die einzelnen Teile ein eigenes Gewicht bekommen und auch unabhängig vom Kontext, in dem sie ihre Funktion erfüllen, „lebensfähig" sind, wie es Döblin mit dem Bild vom Regenwurm deutlich zu machen versuchte. Zu denken ist hier etwa an die Schlachthofkapitel, aber auch an Parallelgeschichten wie die vom Hausmeisterehepaar Gerner oder die Begegnung Franz Biberkopfs mit dem merkwürdigen Rentner, der auf Inserate hin Möbel und andere Gegenstände kauft und nach getroffener Vereinbarung einen Brief in den Briefkasten der Verkäufer wirft, in dem er mitteilt, dass er Abstand von der Kaufvereinbarung nehmen muss. Mit der Handlung des Romans hat dies nichts zu tun, sehr wohl aber mit der „Vielheit der Dimensionen" dieser Stadt.

Franz Biberkopf ist ein exemplarischer Held

Die Idee, das epische Werk müsse das *„Exemplarische des Vorgangs und der Figuren"* darstellen, begegnet uns in „Berlin Alexanderplatz" von der Vorrede an. Immer wieder verweist der Erzähler auf das Exemplarische, das Verallgemeinerbare von Franz Biberkopfs Geschichte, und am Ende erscheint er als eine Art Jedermann in der Auseinandersetzung mit dem Tode. Auch die Perspektivierung von Franz Biberkopfs Geschichte durch die Bibelparaphrasen der Hiob- und Isaak-Geschichte tragen dazu bei, seine Erfahrungen als „Grundsituationen, und Elementarsituationen des menschlichen Daseins" zu verallgemeinern.

Der auktoriale Erzähler

Die Rolle des Erzählers ist im vorigen Kapitel ausführlich dargestellt worden. Es sei noch einmal darauf hingewiesen, dass sich Döblin vom dogmatisch formulierten Grundsatz, der Erzähler dürfe in seinem Werk nicht in Erscheinung treten, distanziert und ihm in seinem Roman die Freiheit zurückgibt, die er auch in der Theorie fordert.

Der Roman im Kontext der Weimarer Republik

Einleitend ist Marcel Reich-Ranickis Urteil über „Berlin Alexanderplatz" als repräsentatives literarisches Werk der Weimarer Republik zitiert worden. In diesem Kapitel soll nun gezeigt werden, in welchem Sinne dieser Roman im Kontext der Weimarer Republik zu sehen ist. Dabei sind zwei Aspekte zu unterscheiden. Zum einen, das macht schon der Titel des Romans deutlich, steht die moderne Großstadt Berlin, Hauptstadt des deutschen Reichs und zugleich eine der wichtigsten Wirtschafts- und Kulturmetropolen der Welt in den 20er Jahren, im Mittelpunkt des Romans. Zum andern ist der Roman in formaler Hinsicht eines der repräsentativen Werke der literarischen Moderne, in dem fast alles, was es in den Künsten an Erneuerung gegeben hat, seinen Niederschlag gefunden hat. Und noch unter einem weiteren Gesichtspunkt ist der Roman repräsentativ für die Weimarer Republik. Sowohl aufgrund seines Inhalts als auch seiner Form ist er ein Stück „Metropolenkultur," und als solcher gehörte er bald aus der Sicht der völkisch-reaktionären Literaturkritik zu jenen Werken, die abschätzig als „Asphaltliteratur" bezeichnet wurden.

Der Roman spiegelt in vielfältiger Form Gesellschaft und Politik der Weimarer Republik, vor allem aber den Alltag in Berlin wider. Schon der Anfang des Romans zeigt uns Berlin als eine Metropole, die sich in einem Prozess der permanenten Veränderung befindet. Franz Biberkopf findet sich auch deswegen zunächst nicht zurecht, weil sich in den vier Jahren seines Gefängnisaufenthaltes so ungeheuer viel verändert hat. Als augenfälligstes Element großstädtischen Lebens spielt der Verkehr eine besondere Rolle: die Stadt verändert ständig ihr Aussehen, um sich den Erfordernissen der Massenmobilität gewachsen zu zeigen. Der Leser des Romans wird Augenzeuge dieser rasanten Verän-

„Berlin Alexanderplatz" als „Berlin-Roman"

„Berlin Alexanderplatz" als „moderner" Roman

„Berlin Alexanderplatz" als „Metropolen-Kultur"

Beispiele für die thematische Aktualität des Romans

Städtebauliche Veränderungen

derung, indem der Erzähler ihn über die Fortschritte der Arbeiten für die U-Bahn am Alexanderplatz auf dem Laufenden hält. Der Roman liest sich in solchen Passagen fast wie eine Reportage über Berlin als Großbaustelle. Wir können als Leser genau verfolgen, wie das Kaufhaus Hahn Stück um Stück abgerissen wird. Der Erzähler situiert die Handlung des Romans durch exakte Ortsangaben im Zentrum Berlins, auch dies verleiht ihm zum Teil reportagehafte Züge. In der Gesichtslosigkeit der großstädtischen Massen, die sich wie ein Strom aus den U-Bahnen auf die Plätze und Straßen ergießen, spiegelt sich die moderne Gesellschaft als anonyme Massengesellschaft. Auch dort, wo der Erzähler hinter die Kulissen der Mietskasernen, in die Verhandlungssäle der Gerichte blickt und Einzelschicksale darstellt, erlebt der Leser diese nicht in ihrer individuellen Bedeutsamkeit, sondern als beliebig herausgerissene Beispiele großstädtischer Existenz, deren Alltag sich dem Leser auch über die zahlreich in den Roman eingestreuten Zeitungsinserate und -meldungen anschaulich vermittelt.

Exakte Ortsangaben

Einblicke in den Alltag

Thema Sexualität

Die Sexualität als öffentlich diskutiertes Thema spielt im Roman eine gewichtige Rolle. Vor allem zu Beginn des Romans ist des öfteren von Sexualaufklärungsmagazinen die Rede. Franz Biberkopf besucht eine Protestveranstaltung gegen die Diskriminierung der Homosexuellen, die Geschichte eines Homosexuellen, der denunziert und angeklagt wird, wird ebenso erzählt wie die Verführung eines jungen Mädchens durch einen älteren Herrn, der Roman spielt im Prostituierten- und Zuhältermilieu, die Promiskuität ist allgegenwärtig. Diese Darstellungen und Erwähnungen der verschiedenen Aspekte von Sexualität sind insofern typisch im Hinblick auf die Weimarer Republik, als gerade in dieser Zeit die Sexualität eine Enttabuisierung erfährt.

Unterhaltungskultur

Die moderne Unterhaltungskultur in den Jahren der Weimarer Republik, Boxkämpfe, Sechstagerennen, Kino, der kleinbürgerliche Amüsierbetrieb, die Kneipen rund um den Alexanderplatz – all dies begegnet dem Leser mit einer solchen Intensität, dass vor seinen Augen ein lebendiges Bild von Berlin am Ende der 20er Jahre entsteht. Freilich kommen nicht alle Seiten dieser Stadt in den Blick, bleiben manche ganz ausgeblendet. Es ist bereits darauf hingewiesen worden, dass Döblin sich in seinem Roman für den wohlhabenden Berliner Westen kaum interessiert. Dass der Erzähler bei der einzigen Gelegenheit, wo er sich in den Berliner Westen begibt, die Verdauungsvorgänge eines Besuchers der Gerichtskantine thematisiert, mag auch etwas über Döblins Blick auf den Berliner Westen aussagen. Ein weiteres für die Erfahrung modernen Großstadtlebens wichtiges Element ist die Präsenz der Medien, vor allem natürlich der zahlreichen in Berlin erscheinenden Zeitungen, die im Roman ständig zitiert werden. Dabei spielt die Politik eine eher untergeordnete Rolle, viel wichtiger sind Katastrophennachrichten, Prominentenklatsch, Sportmeldungen etc. Weiter ist der Schlager zu nennen als Ausdruck einer neuen Massenkultur, der bei jeder passenden und unpassenden Gelegenheit zitiert wird. Man wird lange suchen müssen, bis man einen Roman findet, der in dieser Fülle die Alltagsrealität in sich aufnimmt wie „Berlin Alexanderplatz".

Präsenz der Medien

Die enge Verzahnung des Romans mit der Zeit der Weimarer Republik lässt sich auch an Franz Biberkopfs in vieler Hinsicht typischer Biographie aufzeigen: Er hat die Erfahrung des Ersten Weltkriegs durchgemacht, ist am Ende des Krieges desertiert, hat zunächst Hoffnung in die Revolution 1918/19 gesetzt und dann die Republik erlebt als Zeit der Inflation und des Hungers. Diese Erfahrungen treiben ihn wie viele andere Menschen in der Zeit der Weimarer Republik auch in die Arme der politischen Rechten. Er verkauft „völkische Zeitungen," bewundert den „Stahlhelm," eine paramilitärische Organisation alter Frontkämpfer, die politisch der extremen Rechten angehören, und ist der Meinung, dass nur starke Führer in Deutschland für Ordnung sorgen können. Die Unversöhnlichkeit, mit der sich die verschiedenen politischen Gruppen und Parteien zum Teil während der Weimarer Republik begegneten, wird anschaulich in der Aus-

Franz Biberkopfs typische Biographie

Politik

einandersetzung zwischen Franz Biberkopf und seinem ehemaligen Freund, dem Kommunisten Georg Dreske, in deren Verlauf es beinahe zu einem handgreiflichen Streit kommt. Dadurch, dass Franz Biberkopf auf alle möglichen politischen Versammlungen geht, lernt der Leser die radikale Rhetorik sektiererischer politischer Gruppen, etwa die der Anarchisten kennen. Und am Ende des Romans, wenn die marschierenden Truppen an Franz Biberkopf vorüberziehen, gewinnt man als heutiger Leser den Eindruck, als ob Döblin schon visionär die Zerstörung der Weimarer Republik durch die Nazis vorausgesehen hätte.

Die wenigen hier genannten Beispiele belegen schon deutlich genug, dass der Roman ein Panorama des Lebens im Berlin der 20er Jahre bietet, dessen er sich nicht nur als Kulisse bedient, sondern das er eng verwebt mit der individuellen Geschichte von Franz Biberkopf, die wesentlich durch die Zeit- und Ortsumstände geprägt ist. Dass der Roman in Berlin spielt, ist aber noch in weiterer Hinsicht symptomatisch. Viele Literaturhistoriker haben die Ansicht vertreten, dass die deutsche Literatur im 19. Jahrhundert keinen modernen realistischen Roman von Bedeutung hervorgebracht hat, weil in Deutschland eine Paris oder London vergleichbare Metropole fehlte. Dieses waren Metropolen nicht nur im Hinblick auf ihre gesellschaftliche Modernität, sondern auch im Hinblick auf ihre Kultur. In Deutschland gab es dergleichen nicht, selbst Berlin war lange Zeit eher provinziell und kulturell rückständig. Gegen Ende des 19. Jahrhunderts begann sich dies jedoch langsam zu ändern. Die Naturalisten öffneten sich europäischen Einflüssen, expressionistische Künstlergruppen bildeten ein neues großstädtisches Künstlermilieu. Zu einer europäischen Kulturmetropole wurde Berlin dann in der Zeit der Weimarer Republik. Es gab zahlreiche Theater, Verlage, wichtige Zeitungen und Zeitschriften, eine ungeheuere Experimentierfreudigkeit in allen künstlerischen Bereichen. Berlin wurde zum Magnet für junge Künstler – das zeigen z.B. die Biographien B. Brechts oder C. Zuckmayers –, für die die Erfolge in Berlin Aus-

Berlin wird europäische Kulturmetropole

gangspunkt ihres Weltruhms wurden. All dies muss man sich vergegenwärtigen, wenn man „Berlin Alexanderplatz" im Kontext der Weimarer Republik betrachtet. Döblin verarbeitet in seinem Roman nicht nur die vielfältigen gesellschaftlichen Erfahrungen der Moderne, sondern er reagiert auch auf die Innovationen in den Künsten ebenso wie auf das Entstehen neuer Medien wie etwa der Film. Diese Einflüsse verarbeitet er in seinem Roman mit großer Souveränität. Der Roman weist naturalistische Züge auf, nicht zuletzt in der Behandlung der Sprache (Dialekt), aber auch in der literarischen Gestaltung von bis dahin kaum literaturfähigen Milieus und Themen. Auch Franz Biberkopf als triebhafter und gewalttätiger Mensch steht in der Tradition naturalistischer Helden, zu denken ist etwa an Gerhart Hauptmanns „Bahnwärter Thiel". Wir haben gesehen, in welcher Weise der Futurismus und der Dadaismus den Roman beeinflusst haben, ebenso lassen sich expressionistische Stilelemente aufzeigen. Hinzu kommen Elemente der neuen Sachlichkeit. Döblin hat die fortgeschrittensten Erzähltechniken verwendet und versucht, die Schnitt- und Montagetechniken des Films ins epische Medium zu übertragen. Verschiedenste Ausformungen der Montagetechnik prägen den Roman grundlegend. Das Strukturprinzip der Wiederholung weist Ähnlichkeiten mit der Theorie und Praxis des epischen Theaters auf. Diese summarische Aufzählung von Einflüssen und Darstellungstechniken soll noch einmal verdeutlichen, in welchem Maße der Roman die kulturelle Experimentier- und Innovationsfreudigkeit der 20er Jahre repräsentiert und von ihr profitiert.

Gegen diese Art der Metropolenliteratur machte am Ende der Weimarer Republik eine rechtskonservative Kulturkritik Front. Die Hauptstadt Berlin wurde sowohl als urbanes und, man würde heute sagen, multikulturelles Zentrum, als Ort der „seelenlosen" Moderne, der „Kulturzerstörung", der „alles zersetzenden Ironie", aber auch als Ort der Weimarer Demokratie Gegenstand wütender Attacken. Zum Angriff gegen Berlin blies der rechte Publizist Wilhelm Stapel in seiner Zeitschrift

Verarbeitung moderner Kunstströmungen im Roman

Einfluss des Naturalismus, Futurismus, Expressionismus, Dadaismus

Einfluss des Films

Zusammenhang mit dem epischen Theater

Kritik der Provinz an Berlin

"Deutsches Volkstum" mit dem Artikel „Der Geistige und sein Volk". In diesem Artikel ist die Rede von den „geistigen Kloaken Berlins". Der „Berliner Roman" – ausdrücklich wird Döblins „Berlin Alexanderplatz" genannt – beginne „einen neuen Großangriff auf die deutsche Landschaft". Stapel stellt die Frage, „ob die deutsche Landschaft sich die Anmaßungen und Frechheiten der Berliner Geistigkeit gefallen läßt". Er schließt mit der aggressiven Parole:

> „Der Geist des deutschen Volkes erhebt sich gegen den Geist von Berlin. Die Forderung des Tages lautet: Aufstand der Landschaft gegen Berlin." (zitiert nach: Marbacher Magazin 35 [1985], Berlin Provinz. Literarische Kontroversen um 1930. Bearbeitet von Jochen Meyer, S. 8 ff.)

Noch aggressiver klingt es dann in einem Themenheft der Süddeutschen Blätter über Berlin aus dem März 1930:

> „Der Zug der Zersetzung geht durch den Großteil der Berliner Bühnenstücke, durch Filme, Romane, durch alles, was dieser Berliner Geist erzeugt. Das sind Zeichen einer seelischen und geistigen Sterilität, wie sie schauerlicher nicht gedacht werden kann. Diese erbärmliche Literatur, diese fratzenhafte Kunst, die Verniggerung, der Kampf gegen Religion und Volk und alles Heilige in unserer Kultur, die Verhöhnung jedes Ideals: das alles ist ein Ausdruck geistiger Entartung, mit einem Wort: Nihilismus. Man weiß darum, aber man ist nicht erschüttert: denn der Bolschewismus des Geistes ist bei der geistigen Hefe Berlins zur Mode geworden." (zitiert nach: ebd., S. 32)

„Berlin Alexanderplatz" als Zielscheibe rechtskonservativer Polemik

Döblins Großstadtroman, der nicht umsonst ausdrücklich von Wilhelm Stapel genannt wird, repräsentiert im Grunde genommen all das, was die extreme Rechte der kulturellen Moderne der Weimarer Republik vorzuwerfen hat. Döblin selber hat sich dieser Attacken erwehrt und in einem berühmt gewordenen Artikel in der „Vossischen Zeitung" im Zusammenhang mit diesen Attacken von „Provinzialismus, Heimatkunst, Kunst der Scholle, des sehr platten Landes" gesprochen. (zitiert nach: ebd., S. 70)

„Berlin Alexanderplatz" ist mithin in dreierlei Hinsicht ein typisches Werk der Weimarer Republik: Berlin als die lebendige Metropole in Deutschland ist Thema des Romans, der Roman bündelt die vielfältigen Tendenzen der modernen Literatur, und schließlich repräsentiert der Roman selbst als Berliner Großstadtroman ein Stück jener außerordentlich reichen Kultur, die noch heute unsere Vorstellung von der Weimarer Republik prägt und die mit der Machtergreifung der Nazis auf dem Scheiterhaufen gelandet ist.

Alfred Döblin, Arzt und Autor

„Berlin Alexanderplatz" als einziger kommerzieller Erfolg Döblins

Als im Jahre 1929 sein Roman „Berlin Alexanderplatz" erschien, war der 51-jährige Alfred Döblin einer der bekanntesten Schriftsteller der Weimarer Republik, ohne dass er mit seinen bis dahin veröffentlichten Romanen und Erzählungen einen großen Verkaufserfolg erzielt hätte. Dieser Erfolg war ihm nun mit seinem großen Berlin-Roman beschieden. Nach seinen Werken, die im geographisch entfernten China *(Die drei Sprünge des Wang-lun)* und Indien *(Manas)* sowie im historisch entfernten 30-jährigen Krieg *(Wallenstein)* spielten, begab er sich mit seinem „Berlin Alexanderplatz" in jeder Hinsicht in die Gegenwart. Dies hat sicher wesentlich zum Erfolg des Romans beigetragen.

Die Bedeutung des Arztberufs für die Dichtung

Wenn Döblin sich später zu seinem Roman geäußert hat, dann betonte er immer wieder, dass sein Beruf als Arzt eine grundlegende Voraussetzung für diesen Roman gewesen ist. Seit 1911 arbeitete Döblin als niedergelassener Psychiater mit einer kassenärztlichen Zulassung im Berliner Osten. Diese langjährige Erfahrung als Arzt hatte Konsequenzen für seine Arbeit als Schriftsteller. Wie er selber berichtete, führte ihn sein Beruf viel mit Kriminellen zusammen, und in seiner alltäglichen Arbeit in der Praxis begegneten ihm typische Berliner Lebensläufe. Er bekam Einblicke in die soziale Realität, in die Lebenssituationen von Menschen aus allen Gesellschaftsschichten, wie sie ein Autor, der ausschließlich Schriftsteller ist, nur selten gewinnt. Döblin ist im Übrigen so weit gegangen, dass er beispielsweise den Brief einer Patientin aus dem Januar 1928 als Tagebucheintragung fast wortwörtlich in seinen Roman übernommen hat (275 f.). Seine Tätigkeit als Arzt hatte aber nicht nur Konsequenzen für den Inhalt seines Romans, sondern auch für seinen Stil und die Art der Darstellung. Im Kapitel über seine Romantheorie haben wir bereits gesehen, dass Döblin sich gegen die Psychologie im Roman gewendet hat und betont hat, der Autor müsse sich wie der Psychiater an die Darstellung psychischer Abläufe halten. In solchen Aussagen gibt sich der erfahrene Psychiater zu erkennen. Wie sehr Döblins Blick auf die Welt durch seine medizinischen und naturwissenschaftlichen Studien geprägt war, zeigt neben vielen anderen z.T. naturphilosophischen Schriften auch ein Kapitel in seinem autobiographischen „Ersten Rückblick" aus dem Jahre 1928, in dem sich die Beschreibung seiner Person wie ein ärztlicher Befund liest. In zahlreichen autobiographischen Skizzen betont er immer wieder, wie wichtig sein Beruf als Arzt für seine Tätigkeit als Dichter ist. In den Titeln dieser Schriften wird dies deutlich: „Doktor Döblin", „Arzt und Dichter", „Zwei Seelen in einer Brust" oder „Eine kassenärztliche Sprechstunde".

Betonung der Wichtigkeit des Arztberufs

Die genaue Kenntnis Berlins hat aber noch andere biographische Gründe. Döblin wurde am 10.8.1878 in Stettin als viertes Kind einer jüdischen Familie geboren.

Lebensabriss

Sein Vater war ein musisch begabter, im Übrigen aber ziemlich unsolider Schneider, der eine Zuschneidestube betrieb. Döblin bezeichnete ihn als einen „Luftikus" und „Windhund". Seine Mutter war eine nüchterne und praktische Person, die für die Beschäftigung mit Kunst nicht furchtbar viel übrig hatte. Döblin berichtet, dass er seine Schriftstellerei eine Zeit lang vor seiner Mutter geheim gehalten habe, und als schließlich ein Buch von ihm erschienen sei, habe sie ihn gefragt, warum er dies tue, er habe doch sein „Geschäft", gemeint war seine Praxis. Als er zehn Jahre alt war, verließ der Vater die Familie mit einer „Schneidermamsell" und ließ seine Frau mit fünf Kindern in völlig ungesicherten Verhältnissen zurück. Sie war gezwungen, mit den Kindern nach Berlin zu ziehen, wo sie, von einem Bruder materiell unterstützt, ein sehr ärmliches Leben führte. Für Döblin war dies die „Vertreibung aus dem Paradies". Er lernte als Jugendlicher die dunklen Seiten von Berlin kennen. Die Schulzeit war für ihn ein Martyrium. Nach dem späten Abitur mit fast 22 Jahren studierte er Medizin, promovierte 1905 über ein

Die Eltern

Umzug nach Berlin, Leben in ärmlichen Verhältnissen

Medizinstudium

psychiatrisches Thema und nach einigen Jahren als Assistenzarzt an psychiatrischen Kliniken, unter anderem auch in Buch – das ist die Klinik, in die Franz Biberkopf am Ende eingeliefert wird –, eröffnet er im Jahr 1911 eine kassenärztliche Praxis in Berlin.

Schriftstellerische Tätigkeit

Erste Schreibversuche Döblins reichten in seine Schulzeit zurück. Als Medizinstudent befreundete er sich mit Herwarth Walden, der 1904 den „Verein für Kunst" gründete und von 1910 an die wichtige, die vielfältigen Tendenzen der Moderne verbreitende Zeitschrift „Der Sturm" herausgab, zu deren wichtigsten Mitarbeitern Döblin gehörte. 1911 schrieb er seine Erzählung „Die Ermordung einer Butterblume", die bis heute als das Muster einer expressionistischen Erzählung gilt. Seine großen Romane „Die drei Sprünge des Wang-lun" (1915), für den er den Fontane-Preis erhält, und „Wallenstein" (1920) wurden von der Kritik gelobt, waren aber keine Verkaufserfolge. Dieser stellte sich, wie wir gesehen haben, erst mit „Berlin Alexanderplatz" ein. Lange konnte Döblin sich nicht an dem Erfolg seines Romans und der damit verbundenen materiellen Verbesserung seiner Situation erfreuen. 1933 gehörte er zu den verbrannten Dichtern.

Vertreibung aus Deutschland

Er emigrierte zunächst nach Frankreich, wo er die französische Staatsbürgerschaft annahm, dann 1940 über Spanien und Portugal in die USA, wo er sich erfolglos als Drehbuchschreiber in Hollywood versuchte. In die Zeit des Exils fiel auch seine Konversion zum Katholizismus. 1946 kehrte Döblin nach Europa zurück.

Rückkehr nach Deutschland

Zunächst war er im Range eines französischen Offiziers bei der französischen Militärverwaltung in der Abteilung „Education Publique" in Deutschland tätig. Seine Aufgabe bestand darin, am Wiederaufbau einer demokratischen Kultur in Deutschland beizutragen. Abgestoßen von der Gleichgültigkeit und manchmal sogar Feindseligkeit, die dem aus dem Exil zurückgekehrten Dichter entgegenschlug, und angesichts der restaurativen Tendenzen in der Bundesrepublik Deutschland zu Beginn der 50er Jahre ging Döblin 1953 nach Paris zurück. Ein Jahr vor seinem Tode erschien sein letzter Roman „Hamlet

Verbitterung

Rückkehr nach Frankreich

oder Die lange Nacht nimmt ein Ende". Er starb am 26. Juni 1957 in Emmendingen.

Döblins Werk blieb lange Zeit ohne Beachtung. Zu einer breiten Rezeption von Döblins Werk trug Günter Grass im Jahre 1967 durch seinen Vortrag „Über meinen Lehrer Döblin" bei, in dem er vor allem den Roman „Wallenstein" als ein Werk nennt, von dem er viel gelernt hat. Durch die Stiftung des „Alfred-Döblin-Preises" , der alljährlich an einen jungen Nachwuchsautor verliehen wird, hat Günter Grass Döblin ein Denkmal gesetzt. Mittlerweile ist klar geworden, wie viele Autoren neben Grass Döblin etliches zu verdanken haben: Wolfgang Koeppen, Arno Schmidt, Uwe Johnson und Hubert Fichte, um nur einige zu nennen.

Rezeption

Günter Grass hat in seinem Vortrag auf die Widersprüchlichkeit Döblins verwiesen, der es niemandem recht gemacht habe und sich zwischen alle Stühle gesetzt habe. Besonders deutlich wird das, wenn man sich mit Döblin als streitbarem und politisch engagiertem Schriftsteller in der Zeit der Weimarer Republik befasst. Im Jahre 1918 trat er in die USPD ein, später wurde er dann Mitglied der SPD. Bei seinem politischen Engagement für die Linke ließ er sich aber nie auf dogmatische Festlegungen ein. Die Anfänge der Weimarer Republik begleitete er kritisch in seinen Glossen , die er unter dem Titel „Der deutsche Maskenball" unter dem Pseudonym Linke Poot veröffentlichte. In seiner Schrift „Wissen und Verändern" setzte er sich 1931 kritisch mit einer dogmatischen Form des Staatssozialismus sowjetischer Prägung auseinander und plädierte für einen freiheitlichen Sozialismus. Seine Gedanken kreisten immer wieder um die Verantwortung und die Aufgabe des Intellektuellen in der Gesellschaft. Aus dieser Verantwortung heraus hat er beständig Stellung bezogen, er hat sich intensiv mit den Auswirkungen der Moderne auf die Gesellschaft beschäftigt. Neuerungen wie dem Kino oder dem Radio stand er nicht konservativ ablehnend gegenüber wie viele andere Schriftsteller, sondern reagierte positiv auf sie. Intensiv hat ihn die Frage beschäftigt, welche Auswirkungen diese Entwicklungen für die Dichtung

Döblins Widersprüchlichkeit

Undogmatischer Sozialist

Positive Reaktion auf neue Medien

haben. Wir haben gesehen, dass er die Schnitt- und Montagetechnik ins Medium der Literatur zu übertragen versuchte. Schon Mitte der 20er Jahre lieferte er Beiträge für den Rundfunk.

Politisches Engagement

Sein Engagement erstreckte sich auch auf die Interessenvertretung der Schriftsteller in der Weimarer Republik: 1924 wurde er der erste Präsident des Schutzverbandes Deutscher Schriftsteller. Als der Reichstag 1926 ein „Gesetz zur Bewahrung der Jugend vor Schund- und Schmutzschriften" verabschiedete, ohne die Begriffe Schund und Schmutz näher zu definieren, so dass die Gefahr bestand, das Gesetz als Instrument der politischen Zensur zu nutzen, engagierte sich Döblin als Vorsitzender der „Aktionsgemeinschaft für geistige Freiheit".

1928 wurde Döblin in die „Sektion Dichtkunst" der Preußischen Akademie der Künste gewählt, gegen die Stimmen der rechtsstehenden Mitglieder der Akademie, mit denen er sich Anfang 1933 äußerst scharfe Auseinandersetzungen lieferte, nachdem Heinrich Mann zum Austritt aus der Akademie gezwungen worden war. Gemeinsam mit Heinrich Mann hatte er übrigens ein Lesebuch für die Schulen geplant. Aus diesem Projekt ist leider nichts mehr geworden.

Döblin als typischer Intellektueller der Weimarer Republik

Alfred Döblin ist in zweierlei Hinsicht einer der bedeutendsten Schriftsteller in der deutschen Literatur des 20. Jahrhunderts. Er hat *den* modernen Roman der 20er Jahre geschrieben, der mittlerweile zu den Klassikern der modernen Weltliteratur zählt und als Literaturkritiker wesentlich zur Verbreitung anderer Autoren der Moderne wie James Joyce, Robert Musil, Marcel Proust oder Hans Henny Jahnn beigetragen. Zugleich ist er repräsentativ für das Bild des engagierten Intellektuellen in der Weimarer Republik.

Kommentierte Literaturhinweise

Die Literatur zu Alfred Döblin, seinem Roman „Berlin Alexanderplatz" und der Kultur der Weimarer Republik ist mittlerweile fast unübersehbar geworden. Die in diesem Verzeichnis aufgeführten Bücher verstehen sich als Hinweise für Schülerinnen und Schüler, die sich im Unterricht intensiv mit „Berlin Alexanderplatz" auseinandersetzen und sich mit bestimmten Aspekten von Werk und Epoche genauer beschäftigen wollen, etwa bei der Erarbeitung eines Referats oder einer Hausarbeit. Die meisten der Bücher haben den Charakter einer Einführung und dienen einer ersten Orientierung.

1. Werke von Alfred Döblin

Alfred Döblin, Berlin Alexanderplatz. Die Geschichte vom Franz Biberkopf. Deutscher Taschenbuchverlag, München 1997 (dtv 8385)
Alfred Döblin, Der deutsche Maskenball von Linke Poot. Wissen und Verändern! Deutscher Taschenbuchverlag, München 1987 (dtv 2426)
Alfred Döblin, Schriften zur Ästhetik, Poetik und Literatur. Walter Verlag, Olten und Freiburg i. Br. 1989
Alfred Döblin, Unser Dasein. Deutscher Taschenbuchverlag, München 1988 (dtv 2431)
Alfred Döblin, Zwei Seelen in einer Brust. Schriften zu Leben und Werk. Deutscher Taschenbuchverlag, München 1993 (dtv 2445)

Ein Blick in diese Bände lohnt sich insbesondere im Hinblick auf Referate über Döblins Leben und bestimmte Aspekte seines Werks (Philosophie, politische Ansichten, literaturtheoretische Überlegungen).

2. Literatur über Alfred Döblin und sein Werk

Alfred Döblin 1878–1978. Eine Ausstellung des Deutschen Literaturarchivs im Schiller-Nationalmuseum Marbach am Neckar. Bearbeitet von Jochen Meyer. Kösel, München 1978

Dieses Buch ist eine Fundgrube für jeden, der sich mit der Biographie Döblins beschäftigt. Eine ausführliche Chronik von Döblins Leben eröffnet den Band. Es folgen Dokumente zu verschiedenen Aspekten seines Lebens. Jedem Kapitel ist eine kurze informative Einleitung vorangestellt.

Alfred Döblin, mit Selbstzeugnissen und Bilddokumenten dargestellt von Klaus Schröter. Rowohlt, Reinbek 1978

Dieser Band bietet einen Überblick über Döblins Leben. Die in diesem Buch enthaltenen Bewertungen von Döblins Werk und seiner Person sind sehr problematisch.

3. Literatur zu Alfred Döblins „Berlin Alexanderplatz"

Gabriele Sander (Hg.), Erläuterungen und Dokumente. Alfred Döblin, Berlin Alexanderplatz. Reclam, Stuttgart 1998

Ein sehr nützliches Bändchen: es enthält Wort- und Sacherklärungen, Dokumente zur Entstehungs- und Rezeptionsgeschichte des Romans sowie eine ausführliche Bibliographie.

Klaus Müller-Salget, Alfred Döblin. Werk und Entwicklung. Bouvier, Bonn, 2., durchgesehene und erweiterte Auflage 1988

Das Buch enthält eine ausführliche und gut nachvollziehbare Interpretation des Romans.

Albrecht Schöne, Alfred Döblin, Berlin Alexanderplatz. In: Benno von Wiese, Der deutsche Roman. Vom Barock bis zur Gegenwart II. August Bagel Verlag, Düsseldorf 1963

Dieser Aufsatz gehört nach wie vor zu den einleuchtendsten und nachvollziehbarsten Interpretationen des Romans.

4. Literatur zur Kultur und Geschichte der Weimarer Republik

Frank Grube, Gerhard Richter (Hg.), Die Weimarer Republik. Hoffmann und Campe, Hamburg 1983

Dieser illustrierte Sammelband ist eine übersichtliche und leicht lesbare Einführung in Geschichte, Politik und Kultur der Weimarer Republik.

Hilmar Hoffmann, Heinrich Klotz (Hg.), Die Kultur unseres Jahrhunderts 1918–1933. Econ, Düsseldorf u. a. 1993

Eine informative Überblicksdarstellung der Kultur der Weimarer Republik. Einzeldarstellungen zu den verschiedenen Künsten (Musik, Kunst, Architektur, Literatur, Film, Theater).

Stephan Reinhardt (Hg.), Die Schriftsteller und die Weimarer Republik. Ein Lesebuch. Verlag Klaus Wagenbach, Berlin 1992

Dieses Buch enthält zahlreiche interessante Dokumente über das Verhältnis der Schriftsteller zur Weimarer Republik. Die Dokumente, nach Themengruppen geordnet, werden ausführlich erläutert und ermöglichen einen sehr guten Einblick in die politische Kultur der Weimarer Republik.